Knowledge BASE 系列

一冊通曉 多元族群文化的島嶼記憶脈絡

圖解 台灣史 更新版

廖宜方 著　陳國棟 審訂

台灣歷史年表

1602 明朝將領追擊倭寇，抵達「東番」(台灣)。(p.50)

1604 荷蘭人首度占領澎湖，遭明朝將領諭退。(p.52)

1609 日本德川幕府派遣士卒來台，要求原住民進貢通商，但未達目標。(p.52)

1616 日本德川幕府派兵攻台，但船艦遭遇暴風，漂流四散。(p.52)

1622 荷蘭人第二次占領澎湖，役使當地居民築城。(p.52)

1624 明朝派軍進攻澎湖，荷蘭人敗退來台，在大員(今台南安平)重建城堡。(p.52)

1626 西班牙人派兵攻占今基隆的和平島，修築城堡，與荷蘭人分庭抗禮。(p.52)

1627 荷蘭人首度派遣牧師來台傳教。(p.56)

1635 鄭芝龍擊敗劉香，成為東亞海上霸主，建立海上秩序，台灣的轉口貿易逐漸興盛。(p.66)

1636 荷蘭人首度召集二十八個原住民部落的首領集會，要求他們宣誓效忠。(p.56)

1640 荷蘭人實施「贌社」制，委任漢人承包部落的貿易，嚴重影響原住民的生活。(p.54)

1642 荷蘭人派兵進攻雞籠(今基隆)，西班牙人兵敗退出台灣。(p.54)

1652 漢人郭懷一領導農工反抗荷蘭人統治，遭到血腥鎮壓。(p.60)

1661 鄭成功率軍打台灣，荷蘭人被圍攻數個月後，投降退出台灣。(p.62)

1662 鄭成功病死，其子鄭經即位，致力於攻略中國。(p.63)

1664 滿清在東南沿海執行「遷界」，迫使大量難民遷移來台。(p.58)

1600 1610 1620 1630 1640 1650 1660 1670

世界歷史年表

1600 英國成立東印度公司，逐漸在印度取得龐大權力。

1602 荷蘭成立東印度公司，在亞洲與西班牙、葡萄牙爭奪利益。

1603 日本成立德川幕府，建立長期穩定的政治秩序，促成各方面蓬勃發展。

1607 荷蘭擊敗西班牙艦隊，西班牙的海上霸權逐漸衰弱。

1609 日本的薩摩藩侵略琉球，琉球開始同時臣屬於中國和日本。

1613 俄國成立了羅曼諾夫王朝，維續三百餘年。

1616 滿洲的女真族建立後金，起兵反抗明朝。

1618 歐洲因宗教爭端引發了「三十年戰爭」，成為歐洲進入近代的第一場重要戰爭。

1619 荷蘭東印度公司在巴達維亞(今雅加達)建立總部，統籌亞洲商館的貿易。

第一批非洲黑奴抵達北美洲。

1624 荷蘭人在北美洲今紐約一帶建立殖民地。

1644 中國的流寇攻陷北京，明朝亡；滿族軍隊隨後進入北京，建立清朝。

1648 三十年戰爭結束，日耳曼分裂，小國林立。各國家不再強制規定國民的宗教信仰。

1649 英國內戰，國王查理一世遭國會處決，英國內戰和革命的動亂震驚歐洲。

1638 日本的天主教徒發動叛亂，遭到幕府鎮壓。

1639 日本的鎖國體制完成，只准許中國人及荷蘭人到日本貿易。

1674 鄭經趁清朝內亂，出兵攻占廈門。（p.63）

1683 滿清派施琅進攻台灣，在澎湖擊敗明鄭的艦隊，台灣歸屬滿清統治。（p.70）

1684 清廷頒布渡台禁令，限制漢人移民到台灣，結果造成偷渡盛行。（p.72）

清廷在台設置「綠營」，調派福建士兵輪流駐守台灣。（p.74）

1687 清廷比照內地，在台灣正式舉行科舉考試。（p.82）

1719 清代規模最大的水利工程、灌溉彰化地區的「八堡圳」開始動工。（p.90）

1721 朱一貴之亂爆發，也出現第一次族群的分類械鬥。（p.110）

1723 台南開始出現「郊行」，經營兩岸貿易。（p.96）

1728 台民成立最早的民間互助團體「父母會」。（p.108）

1731 大甲西社原住民抗議官府勞役沈重，爆發大規模叛亂。（p.78）

1733 原住民「割地換水」，和漢人合作開發台中盆地的水利工程「貓霧捒圳」。（p.91）、（p.78）

1740 台北盆地最大的灌溉工程「瑠公圳」開始興建。（p.90）

1761 官府修建「土牛」、「土牛溝」等，限制漢人移民進入原住民的「番界」。（p.78）

1784 清廷開放鹿港與福建通航。（p.96）

1786 中部爆發林爽文之亂，為清代台灣最大規模的動亂。（p.109）

1791 清廷實施「屯番」制，徵用原住民擔任守衛，影響原住民適應農業生活。（p.80）

1792 清廷開放八里坌（今八里）與福建通航。（p.96）

1680　1690　**1700**　1710　1720　1730　1740　1750　1760　1770　1780　1790

1652 荷蘭占領南非好望角，在開普敦建立殖民地、補給船隻、進行貿易。

1659 效忠明朝反抗滿清的鄭成功，攻打南京失敗。

1661 法國路易十四親政，積極擴張，法國逐漸成為十七世紀後半歐陸的中心。

1698 俄國的彼得大帝向西歐學習，推動各項改革。

1699 英國東印度公司在中國的廣州建立商館，進行貿易。

1740 普魯士的腓特烈大帝即位，日後其施政成為十八世紀歐洲君主開明專制的典範。

1763 七年戰爭結束，英國取得法國在加拿大和印度等地的殖民地。

1776 英國在北美洲的十三個殖民地發表《獨立宣言》，主張脫離英國統治。

1787 美國通過聯邦憲法，成為最早由平民制定的憲法。

1789 法國大革命爆發，結束君主統治，發表《人權宣言》。

1792 清朝乾隆皇帝誇稱自己征戰與平亂的軍事活動為「十全武功」。

1793 英國使節來到北京，因拒絕向乾隆皇帝跪拜，沒有達到預期目標。

1673 清朝發生「三藩之亂」。

1674 英國擊敗荷蘭，確立海權地位。

3

台灣歷史年表

1814 漢人郭百年等違法侵入埔里盆地開墾，劫掠原住民，後遭官方驅逐。（p.78）

1823 科舉考試在台舉行已超過一百多年，台民鄭用錫率先考上進士。（p.82）

中部地區的平埔族開始有組織地聯合訂約，陸續向埔里盆地遷移。（p.80）

1831 新竹地區成立墾號「金廣福」，以武裝力量向原住民爭奪土地、進行拓墾。（p.90）

1838 清代少數由官員發動、灌溉今高雄全境的水利工程「曹公圳」開始興建。（p.76）

1858 清廷與列強簽約，相繼開放安平、淡水為通商口岸，與外商貿易。（p.84）

1862 清代歷時最久的叛亂「戴潮春之亂」爆發。（p.108）

1869 台製茶葉首度輸出到美國，逐漸受到歡迎。（p.100）

1871 英國牧師甘為霖抵台傳教，並創辦盲人學校、編著台灣語文與歷史著作。（p.120）

1872 加拿大牧師馬偕抵台，在北台灣行醫傳教，開辦女子教育。（p.120）

1874 日本為琉球難民遭牡丹社原住民殺害一事出兵台灣，清廷開始重視台灣東部的國防。（p.86）

1875 清廷派遣官員進行「開山撫番」，開闢三條橫貫中央山脈的通路。（p.86）

1884 中法戰爭爆發，法軍登陸作戰失敗，轉而攻占澎湖，進行封鎖。（p.84）

1885 台灣獨立建省，首任長官劉銘傳積極推動許多建設。（p.84）

1886 官方為增加賦稅，丈量土地，引發糾紛與動亂。（p.93）

1800 | **1810** | **1820** | **1830** | **1840** | **1850**

世界歷史年表

1804 法國的拿破崙稱帝，傳布法國革命的理念，衝擊歐洲的君主國家。

1807 英國開始禁止非洲的奴隸貿易。

1829 英國占領澳洲。

1837 英國維多利亞女王即位，成為十九世紀大英帝國全盛的象徵。

1840 中國與英國因為貿易爭端而引發「鴉片戰爭」。

1848 歐洲各地發生革命，敵視君主統治，要求建立民族國家和民主制度。

馬克思發表《共產黨宣言》。

1851 清廷太平天國內亂，影響遍及半個中國。

1853 美國派艦隊打破日本的鎖國政策，引發德川幕府統治正當性的危機。

1857 印度人民群起反抗英國統治，遭到鎮壓。

1860 中國首都北京遭英法聯軍攻陷。

1861 美國因黑奴問題爆發南北戰爭。

俄國解放農奴。

1894 晚清北台灣的經濟快速發展，台灣省會改定為台北。（p.102）

中日爆發甲午戰爭，日軍派兵南下攻占澎湖。（p.126）

1895 滿清簽訂馬關條約，割讓台灣。（p.126）

台灣民主國成立，台民奮起抵抗，日軍接管台灣。（p.128）

總督府在台北成立「國語傳習所」，奠定教授台民日語的政策。（p.170）

1896 日本國會制定「六三法」，授予總督府專制權力來統治台灣。（p.132）

1897 總督府成立「醫學講習所」，開始培育台民菁英擔任醫師。（p.177）

1898 後藤新平來台擔任民政局長，逐步奠定總督府治台的施政架構。（p.130）

《台灣日日新報》創刊，成為日治時代延續最久、發行量最大的報紙。（p.178）

總督府土地調查局開始清查地籍、測量地形、繪製地圖，掌握台灣土地形貌。（p.137）

總督府公布「保甲條例」，利用清代保甲連坐的辦法來監視台民的動靜。（p.140）

台灣總督憑藉六三法賦予的權力，頒布「罪徒刑罰令」以嚴懲叛亂。（p.132）

1899 總督府將治安事權劃歸給警察，逐漸賦予警察執法、管理和懲罰台民的權力。（p.140）

「台灣銀行」開業，發行貨幣，日後逐漸統一全台的通貨。（p.168）

總督府訂立師範教育制度，開始培育台民充任初等教育的師資。（p.170）

1860　1870　1880　1890　1899

1868 日本德川幕府被推翻，明治天皇即位，進行西化改革。

1869 蘇伊士運河開通，縮短歐洲與亞洲之間的航程。

聯接美國東西岸的太平洋鐵路完工。

1870 普法戰爭爆發，普魯士戰勝，並統一日耳曼全境，走向強權之路。

1876 日本迫使朝鮮簽訂不平等條約，將勢力伸入朝鮮。

1879 日本吞併琉球，改置為沖繩縣。

1883 清廷與法國為爭奪越南的宗主權，爆發中法戰爭，雙方互有勝敗。

1884 歐洲各國在柏林集會，瓜分非洲，未考量當地民族分布的情形。

日本仿傚西方，建立君主立憲。

1894 清廷與日本為爭奪朝鮮的宗主權而爆發甲午戰爭，中國慘敗。

1895 日本依據馬關條約，派兵接管台灣。

孫中山在廣州首度發動革命，但失敗。

1897 越南全面淪為法國的殖民地。

1898 美國發動美西戰爭，占領西班牙的殖民地菲律賓。

滿清光緒皇帝下詔「變法」，進行激烈的政治革新，後發生「戊戌政變」而中止。

台灣歷史年表

1900 日本財閥投資成立「台灣製糖株式會社」，以新式工廠製糖，成為糖業帝國主義的起點。（p.142）

台北中醫黃玉階發起「台北天然足會」，呼籲放足，並倡導改革風俗習慣。（p.174）

1905 總督府發頒法令，建立「原料採取區域」制度，破壞市場機制，協助糖廠壟斷甘蔗原料。（p.160）

總督府首度舉行人口調查，日後定期實施，充分掌握台民的人口資料。（p.136）

1908 縱貫鐵路通車，基隆到打狗（高雄）之間全線通行。（p.168）

1910 總督府開始實施「五年理蕃計畫」，以龐大軍力征討原住民。（p.144）

1914 日本國會停止相關補助，總督府的財政達成自立，展現台灣充裕的經濟實力。（p.138）

1915 日治前期最後一場大型武裝叛亂「噍吧年事件」爆發，被視為抗日運動的分水嶺。（p.130）

1919 第一位文官總督赴台就任，正式宣告「同化政策」。（p.136）

總督府建築完工落成，以浩大的建築物來展現統治的權威。（p.176）

1920 東京的台灣留學生成立「新民會」，發行《台灣青年》，支援島內的反抗和啟蒙運動。（p.148）

總督府統整各個單位，成立「中央研究所」，進行各種農林、工業與醫學的調查研究和實驗。（p.138）

雕刻家黃土水的作品入選日本的官方展覽，轟動全台。（p.184）

總督府確立地方行政機構層級，分為州廳、郡市和街莊三級。（p.140）

1921 台民首度向日本國會請願，要求成立台灣議會。（p.150）

蔣渭水在台北成立台灣文化協會，掀起二〇年代前半期的社會運動。（p.152）

1900	1905	1910	1915

世界歷史年表

1900 中國民間的排外事件，演變成「義和團」暴亂和八國聯軍攻陷北京。

美國和德國的鋼鐵工業都超越英國，成為重要的工業國家。

1904 日俄戰爭爆發，日本擊敗俄國。

1905 中國廢止實施千餘年的科舉考試。

1910 日本吞併韓國。

1911 中國爆發辛亥革命，清帝退位，中國結束兩千餘年的帝制時代。

1912 中華民國成立。

1914 第一次世界大戰爆發，傷亡人數高達三千萬。

1916 中國陷入軍閥割據，政治混亂，社會文化卻日益蓬勃。

1917 俄國發生十月革命，共產黨人逐步掌權，蘇聯開始實驗共產主義。

1918 創立數百年的鄂圖曼土耳其帝國結束。

1919 印度甘地倡導不合作運動，抵抗英國殖民統治。

韓國爆發三一運動，發表獨立宣言，抗議日本殖民統治，遭嚴厲鎮壓。

中國發生五四運動，抗議日本企圖在中國擴張利益。

1921 中國共產黨在上海成立。

1925 李應章倡立「二林蔗農組合」，開啟台灣農民運動的先聲。（p.160）

1926 台灣農民組合在鳳山成立，成為二〇年代人數最龐大、動員能力最強的團體。（p.160）

賴和主持《台灣民報》文藝欄，推動漢語白話文學。（p.182）

台灣文化協會舉辦演講活動達於高峰，一年超過三百場，聽眾超過十一萬人。（p.153）

1927 台灣文化協會因階級裂痕而分裂，左派取得協會的領導權。（p.156）

總督府舉辦第一屆「台灣美術展覽會」，對美術發展造成深刻的影響。（p.184）

「台灣民眾黨」成立，成為台灣第一個政治結社。（p.158）

1922 總督府的研究單位培育出迎合日本人口味的蓬萊米，引起米糖比價的波動。（p.142）

1923 日本推行同化政策，台灣的民刑事法律改採日本國內法。（p.134）

1924 十四位推動台灣議會設置請願運動的人士遭警方搜查逮捕，是為「治警事件」。（p.150）

留學中國的張我軍在刊物上發表文章，向台灣介紹中國的新文學運動。（p.182）

1928 台灣工友總聯盟成立，成為日治時代推進工人運動最有力的團體。（p.157）

台北帝國大學成立，成為台灣、華南與東南亞研究的重鎮。（p.193）

台灣共產黨在上海成立，日後逐漸掌控文化協會和台灣農民組合。（p.155）

1930 嘉南大圳完工，灌溉區域涵蓋今雲林、嘉義與台南三縣。（p.138）

台灣地方自治聯盟成立，謀求以地方自治選舉來改善政治。（p.158）

南投霧社泰雅族原住民有計畫、大規模襲殺日本人，是為「霧社事件」。（p.144）

1920　　　　1925　　　　1930

1922 日本成立共產黨。

1923 日本發生關東大地震，對社會經濟造成重大的衝擊。

1925 中國接連發生「五卅慘案」、「沙基慘案」，掀起反帝國主義的示威和罷工。

日本開始實施成年男子的普通選舉。

1926 英國工人罷工，為期近十天，人數逾兩百五十萬人。

國民黨軍隊開始北伐，征討各地軍閥。

1927 國民黨宣布「清黨」，大肆迫害共產黨員。

日本出兵山東，造成死傷慘重的「濟南慘案」，引起中國各界反日活動。

日本發生金融恐慌，全國銀行發生擠兌而停業。

1928 國民黨軍隊統一中國，成立國民政府、獲得美、英、法等國承認。

國民政府宣示廢除不平等條約，著手收回關稅、租界和領事裁判權。

1929 紐約股市崩盤，引發全球經濟危機。

日本大規模搜捕、迫害共產黨員，是為「四一六事件」。

1930 越南成立共產黨。

台灣歷史年表

1931 總督府大規模整肅共產黨人，左派團體無一倖免。（p.156）

1932 上海影片〈桃花泣血記〉在台上映，搭配台語流行歌進行宣傳，引發熱潮。（p.178）

1934 日月潭第一發電所完工，提供充裕的電力，奠立日治後期台灣工業化的能源基礎。（p.190）

台北帝國大學成立「熱帶醫學研究所」，研究台灣、華南和東南亞等地疾病。（p.173）

1935 台灣中部發生大地震，台民死傷慘重。

總督府舉行「始政四十年紀念博覽會」，吸引數百萬人次參觀。（p.178）

總督府舉行地方自治選舉，成為台民最早行使投票選舉權的經驗。（p.158）

1936 在台日軍氣焰高張，唆使日人流氓毆辱台民反抗運動的領導人林獻堂。（p.164）

總督府集資成立「台灣拓殖株式會社」，投資台灣、華南和東南亞的開發事業。（p.192）

1937 總督府開始禁止報紙使用漢文，學校停止教授漢文。（p.194）

總督府開始召募、強徵台民為日軍提供勞務。（p.196）

1938 部分地方政府進行「寺廟整理」，裁撤整併民間寺廟與齋堂。（p.180）

台灣甘蔗的年度產量達到日治時期的最高峰：128億公斤。（p.142）

總督府設置經濟警察，實施經濟統制，控制資源流向。（p.198）

1940 總督府公布台民改姓名的辦法，鼓勵台民同化為日本人。（p.194）

1931　　　　　　　1935　　　　　　　1940

世界歷史年表

1931 日本入侵中國東北，引發中國各地的抗日風潮。

1932 日本在滿洲扶植清朝遜位皇帝溥儀，成立傀儡政權「滿洲國」。

日本軍人發動政變，首相遭到暗殺。

1933 希特勒出任德國總理，取得政權，確立獨裁體制。

1934 中國國民政府為了使國民生活軍事化，開始推行「新生活運動」。

在江西遭國民政府多次圍剿的共產黨人向北逃亡，是為「長征」。

1935 中國共產黨發表宣言，主張聯合統一抗日。

1936 中國發生西安事變，國民政府停止內戰。

日本的右翼激進軍人發動政變，殺害大臣，掌握政權，是為「二二六事件」。

1937 日本發動「蘆溝橋事變」，侵略中國，引起國際譴責，中日戰爭爆發。

日軍攻占上海，在南京大肆屠殺，是為「南京大屠殺」。

1939 德國入侵波蘭，第二次世界大戰開始。

1941 德國興建六個集中營，大規模屠殺猶太人。

日軍偷襲美國的珍珠港，引發太平洋戰爭。

8

1941 總督府成立「皇民奉公會」，加強國民生活軍事化，進行全面性社會動員。（p.188）

1942 總督府開始召募台民擔任「陸軍志願兵」，成為正式作戰的軍人。（p.196）

1943 總督府將初等教育更改為義務教育，大幅提升兒童就學率。（p.170）

1944 美軍占領塞班島，台灣開始遭到密集空襲和轟炸。（p.198）

1945 總督府實施徵兵制度。（p.196）

日本投降，台灣歸屬中華民國統治。（p.198）

陳儀來台，台灣省行政長官公署成立。（p.202）

1946 陸續遣送在台日人、日軍返國，總計約三十萬人。

行政長官公署舉行各級民意代表選舉，台民菁英熱烈參選。（p.212）

台灣銀行改組，開始發行台幣，結果逐漸超額發行，演變成失控的惡性通貨膨脹。（p.206）

1947 行政長官公署接收與施政不當，引發「二二八事件」。（p.202）

1949 為打擊共產黨人，實施「懲治叛亂條例」、「肅清匪諜條例」，造成濫捕、濫殺和許多冤獄。（p.204）

台灣省政府實施「三七五減租」，推動「土地改革」，消弭共產黨滲透的可能。（p.204）

台灣省進入戒嚴時期，對人民的自由和權利有諸多限制。（p.208）

台灣銀行改革幣制，發行新台幣，穩定戰後的通貨膨脹。（p.206）

中華民國政府遷抵台北，大批難民與軍人陸續抵台。（p.204）

胡適倡議創立《自由中國》月刊，鼓吹言論自由。（p.210）

1941　　　　　1945　　　　　1949

1945 美軍在日本投下兩顆原子彈，日本投降，結束第二次世界大戰。

聯合國成立。

越南共產黨領袖宣布獨立，對抗戰前的法國殖民政府。

美蘇分占韓國南北。

1947 印度脫離英國統治，宣布獨立。

中華民國頒布憲法，年底行憲。

美國調停失敗，中國的國民黨與共產黨爆發內戰。

美國開始「圍堵」共產主義。

1948 韓國南北分裂。

南韓的政治強人李承晚上台。

1949 以色列建國，與周圍阿拉伯國家不斷發生衝突。

歐美各國成立北大西洋公約組織。

中華人民共和國成立，兩岸分治。

台灣歷史年表

1950 韓戰爆發後，美國艦隊巡防台灣海峽，確立兩岸分治。（p.206）

台灣省開始實施地方自治選舉。（p.212）

1951 美國開始提供經濟援助給台灣，並協助台灣在西方資本主義世界中發展經濟。（p.206）

1954 中華民國與美國共同簽署防禦協定，台灣成為美國圍堵共產主義擴張的前線。（p.206）

大法官會議決議第一屆立法委員、國大代表等繼續行使職權，形成「萬年國會」。（p.209）

1955 發生第一次台海危機，中華人民共和國炮擊金門，是為「九三炮戰」。（p.205）

1956 台灣獨立運動領袖廖文毅在東京成立台灣共和國臨時政府，從事各種外交努力。（p.214）

1957 多位勇於批評時政的民主人士進入省議會質詢問政，號稱「五龍一鳳」。（p.212）

1958 台灣警備總司令部成立，成為執行戒嚴法令的情治機關。（p.209）

發生第二次台海危機，中華人民共和國大規模炮轟金門，是為「八二三炮戰」。（p.205）

1960 省議員李萬居等人與《自由中國》雜誌社長雷震籌組中國民主黨。（p.210）

雷震被誣陷「知匪不報」、「為匪宣傳」等罪名，入獄服刑十年。（p.210）

蔣中正當選第三屆總統，日後連任四、五屆，成為長期統治台灣的政治強人。（p.208）

1964 台灣大學教授彭明敏籌擬〈台灣自救宣言〉，論述中華民國的外交與國家發展等課題。（p.214）

1969 開始舉行增額立法委員與國民大會代表選舉，成為民主人士問政的管道之一。（p.212）

1950 ｜ **1955** ｜ **1960** ｜ **1965** ｜ **1970**

世界歷史年表

1950 美國參議員麥卡錫指控國內的共產黨人叛國，掀起迫害左派思想者的風潮。

英國承認中華人民共和國。

韓戰爆發。

1954 美國最高法院判決種族隔離為非法。

1955 共產集團成立華沙公約組織，與北大西洋公約組織抗衡。

美國與中華人民共和國開始舉行正式會談。

1957 蘇聯發射人造衛星升空，開啟美蘇的太空競賽。

1959 中華人民共和國和蘇聯漸起衝突，社會主義兩大強國發生分裂。

1960 日本東京發生十萬人示威，反對政府不經民主程序和美國簽訂條約。

韓國學生示威抗爭，政治強人李承晚下台。

1961 南韓軍事強人朴正熙發動政變，取得政權，其後獨裁統治近二十年。

1962 美國阻止蘇聯在古巴部署核子導彈，雙方對峙引起世界憂慮會演變成核子戰爭。

1963 越南戰爭爆發。

1964 法國承認中華人民共和國。

中華人民共和國成功試爆原子彈。

1965 美軍介入越南戰爭，卻逐漸陷入泥沼。

菲律賓政治強人馬可仕上台，在位二十年。

1966 中華人民共和國開始發動「文化大革命」，持續十年，又稱「十年浩劫」。

1968 法國學生示威、工人罷課，擴大成嚴重的政治危機。

1971 中華民國退出聯合國。(p.216)

1972 日本與中華民國斷交。(p.216)

1975 蔣中正總統逝世。(p.216)

本省籍菁英創辦《台灣政論》,旋即遭到查禁。(p.218)

1977 舉行地方公職人員選舉,桃園因選舉糾紛引發群眾暴動,又稱為「中壢事件」。(p.219)

1978 蔣經國就任總統,成為第二代的政治強人。(p.218)

1979 美國與中華民國斷交。(p.216)

《美麗島》雜誌創刊,年底發生「美麗島事件」。(p.219)

1986 部分政治異議人士宣布成立民主進步黨,突破戒嚴禁令,國民黨政府默認同意。(p.222)

1987 台灣與澎湖宣布解嚴,解除諸多限制人民自由權利的法令。(p.222)

1988 蔣經國總統逝世,李登輝繼任總統。(p.218)

1991 國會全面改選。(p.222)

終止動員勘亂時期,廢止臨時條款,回歸憲政體制。(p.222)

1992 廢止刑法一百條,結束因思想主張而入獄的「白色恐怖」。(p.222)

1975　　1980　　1985　　1990　　1995　　**2000**

1969 美國太空人登陸月球。

1971 美國宣布交還沖繩(包括釣魚台群島)給日本,引起各界華人抗議,又稱「保釣運動」。

中華人民共和國取代中華民國,進入聯合國。

1972 美國總統尼克森訪問中華人民共和國,發表公報,向正常性的外交關係發展。

1973 石油輸出國組織以石油為武器,實施減產、漲價和禁運,引發全球能源危機。

1978 鄧小平復出掌權,中國進行「開放改革」。

1979 美國與中華人民共和國建交。

1980 南韓軍事強人全斗煥上台,血腥鎮壓光州的民主運動,死亡兩千餘人。

1985 中華人民共和國與英國談判香港主權問題,英國同意歸還。

1986 菲律賓政治強人馬可仕下台。

1988 蘇聯與美國達成裁減軍事武器的協議,軍備競賽告一段落。

1989 中華人民共和國血腥鎮壓北京天安門的民主運動。

1990 東西德統一。

1991 美國發動波斯灣戰爭,逐退入侵科威特的伊拉克。

蘇聯帝國瓦解,分裂成十五個共和國。

1992 南非黑人運動領袖曼德拉獲釋,公民投票支持繼續進行廢止種族隔離的政策。

1993 金泳三出任南韓總統,為三十一年來首任文人總統。

一把開啟台灣史大門的鑰匙

文◎陳國棟(中央研究院歷史語言研究所研究員)

現代的歷史學，強調它本身是一種科學性的知識，也就是追求真實的知識。而在人民做主的時代，民眾要的不是宣導性、灌輸性的歷史，而是自己可以講述、可以評論的歷史。因此，只有真實可靠的歷史才能站得住腳，才不會落入遭人揚棄的末路。不過，一般人都不是專業的歷史學家，他們如何能在汗牛充棟的圖書堆裡中找到真實可靠的歷史知識呢？這當然是要先培養自己的判斷力，讓自己找到開啟正確知識大門的鑰匙，然後進一步去建構屬於自己的歷史知識。

所有的歷史當中，我們最關心的是台灣的歷史。這不為別的，只因為我們就生活在台灣。這裡的歷史隨時在空間中以具體的事物出現在你我眼前(例如：老建築、舊照片……等等)；它更以不同的面目，在你我可以察覺或不可以察覺的狀況下，內含在種種的訊息與行為當中(例如新聞事件的背景、日常作息的安排、思考問題的方法……等等)。在地的歷史支撐著我們的生活，也多少影響著我們的生活。

說到影響生活，且不去提潛移默化之類的東西吧！想想你我對很多事情都有看法，都有意見。有看法，有意見，想和他人分享，就想要能獲得對方的認同。這時候你我就需要有嚴謹的邏輯，並且拿出事實做證據，才能說出一番道理，說服他人。研讀台灣的歷史，也就是在地的歷史，一方面可以訓練邏輯，一方面也能掌握到許多隨時可抓取在手、拿來幫忙建立論說的事實證據。

其實，不管你我是否願意，真的、假的、各式各樣的歷史資訊隨時都透過報紙、電視、街坊的言談或者天災人禍在傳布。如果這些歷史資訊和我們有一點時空上的距離，我們盡可抱著事不關己的態度，冷眼旁觀。可是在地的歷史，正是我們腳跟下的大事呢！它隨時介入我們的生活，你我無從迴避！既然不能迴避，何不加以正視？何不建立自己正確認識台灣歷史的方法與知識？

當然，就職業來說，也許你還是要說你不是歷史學家，怎麼去弄懂台灣歷史？仔細想一想，你真的不是歷史家嗎？真的是這樣嗎？

其實，你大可不必自謙！因為人人都有記憶，所以在特定的範圍之內，人人都是歷史學家！在地的歷史，正包括講述個人的故事、家族的故事、社區村落的故事。這不正是我們自己耳熟能詳的東西嗎？換個角度來看，國家與世界的大故事不也就從在地的歷史出發的嗎？一個沒有經過完整訓練或是適當準備的人，或許不容易講述國家與世界的歷史，但是多少總能說說個人的經歷吧，社區的大

事吧，總能說起家族的大事吧。能說起自己身邊的故事，就是最起碼的歷史家了。在這一點基礎上，稍微加點力，做些閱讀與準備，你就可以跨進在地歷史的大門了！

當然，想要打入比較準確的歷史知識領域，多少需還要一點幫助。於是，一本可以協助大家入門的書就變得十分迫切了。做為一位現代公民，每個人不但是自我政治權力的主人，同時更是建構個人知識能力的主人。透過適切的入門途徑，找尋正確的資訊，形塑自己的判斷，才有可以說服自己的知識，不用隨著他人的音樂起舞。廖宜方先生所編寫的《圖解台灣史》這本書正是為讀者們做這些轉動鑰匙工作的一本書。

《圖解台灣史》是易博士出版社「Knowledge BASE」書系當中的一本。目標就在為不以台灣史為專業的讀者，提供一些基礎性、背景性的入門資料，配合適當的表格與插圖，讓初學者便於按圖索驥，開發自己對台灣史的了解。

歷史知識的構成，主要有史實與解釋(時下流行的說法為「解讀」)兩個部分。廖宜方先生編寫《圖解台灣史》這本書，花了很多的功夫去選取重要史事，並且也努力去檢查提供給讀者的每項資訊，同時透過編輯的協助，以圖表方式呈現，使人一目瞭然。在解釋的部份，宜方提供了一些事件發展的邏輯以供讀者參考，但是並沒有加入太多個人主觀看法，更沒有帶進意識型態的思考。藉諸《圖解台灣史》，讀者有機會迅速掌握台灣歷史的脈絡，卻又不會在思路走向上受到束縛，因此這是一本相當好的入門參考書。

話說回來，這本書因為有為非專業讀者量身訂做的預想，因此為了實際的必要、為了遷就圖表的格式，有時候不得不將事實加以簡化。簡化之後，有時候就不免不夠精準。再者，為了不刻意左右讀者的見解，本書在詮釋歷史發展的來龍去脈上，也很保守，不去大聲張揚。這是要提醒讀者的地方，也正是讀者要自己去進一步鑽研的地方。

最後，我想還是得說，這本書交待的還是全島性的大事情。只對地方文史，只對社區與家族感興趣的讀者並不能直接經由利用這本書就達到目的。不過，個人、家族、社區與國家，乃至於外面的世界，彼此之間還是息息相關。大範圍、大時代的歷史其實也就是小群體歷史的舞台背景。這麼說來，住在台灣，對台灣全部或部分歷史有志氣的人，活用這本書，多少總會「開卷有益」的。

第 1 章
台灣史的研究

第 2 章
史前時代

第 3 章

近代初期的台灣

第 4 章

滿清政權的統治

● 第 5 章
清代台灣的拓墾與貿易

● 第 6 章
清代台灣的社會與文化

○ 第 7 章

日治前期與總督府的統治

○ 第 8 章

二○年代：台民的啟蒙與反抗

● 第 9 章

日治時代的社會與文化

● 第 10 章

戰爭的陰影：三〇年代後的台灣

國民黨政府主政下的政治與外交

台灣史的研究

學習台灣史,是為了對我們所生長的土地一台灣的過去、現狀與未來,有更好的認識和見解。做為一門學科,台灣史有自己的課題與規範,也有自己的盲點和反省;歷史學最根本的證據法則和追求客觀的理想,同樣也是研究台灣史的原則。不過,知識是時代背景的產物,歷史學也處於時間的變遷中。台灣史的定位受到現實環境的影響,對台灣史的認識也刺激現實的變遷,透過兩者的交互作用,我們可以認識到過去一個世紀以來,台灣在政治社會與文化學術的變化。

 **學習重點**

台灣史和其他範圍的歷史有何關聯？

台灣史的定位經歷了哪些改變？

為什麼要了解台灣史？

過去人們如何認識台灣史？

什麼是台灣史的「史觀」？

歷史＝空間＋時間＋人群

歷史是由空間、時間與人群交織互動所形成。因此歷史研究必須考量到歷史事件發生的背景舞台、重視歷史事實發生的時序先後，並且盡可能公正地關照參與歷史的各個人群。所以台灣史是以台灣島做為基本的地理空間單位，探討在漫長的時間中，先來後到的人群在島上活動的軌跡。

島嶼的歷史

　　為什麼要從地理空間來探討台灣的歷史、以台灣這個島嶼做為考察的單位？因為史前時代的台灣沒有以民族或國家形成單一的單位，也不隸屬於任何政權，因此在這段原住民身為台灣主人的數千年間，無法用民族和國家的角度說明台灣史。其次，在進入文字歷史時代後，正當世界史上近代民族國家才剛開展而尚未定型的階段，許多人群的活動並不完全以民族或國家的單位來進行。而且，在十七世紀以後，統治台灣的政權變動頻繁。如果以政權為單位來考察，台灣史將被切割在西班牙、荷蘭、中國，乃至日本等國家的歷史中，使得台灣史將支離破碎，而無法說明在這數千年、數百年間，台灣島上一直有人群長久定居，並發展出穩定社會的事實。

時間的變遷

　　時間是歷史學者在探討人類活動時最留意的範疇。在史學家看來，隨時間而變遷的各種現象是最引人好奇的課題。就文字歷史時代而言，台灣經歷許多重大的變化中，有三項最引人注意：首先，在史前時代本來是主人的原住民，和外來的族群與政權，發生了哪些關係？在這數百年間，原住民在台灣社會中地位變遷的具體過程是什麼？其次，漢人如何開闢台灣的原野成為農業地帶？人與土地如何互動，進而形成社會？最後，台灣如何從傳統社會邁入現代？這個轉型的過程為何？這三個大問題，都涉及到長遠的歷史發展，而且也和近代以來世界與中國的大變化有關，更是認識台灣歷史的大問題。

多族群的社會

　　遠古以來，台灣就是個多族群的社會。不但原住民內各自不同，

歷史記憶與歷史研究

歷史上發生了許多事，但不是每件事都被後人所認知和記憶。很多活動沒有留下紀錄，只有親身經歷的人才有感受，但這些發生過的事卻依然潛伏在歷史之中，隱隱發揮無言的影響。台灣的過去也是一樣，如果沒有歷史學者不斷進行挖掘，提醒我們認識過去，我們對現狀的認知將更加殘缺不全。

在文字歷史時代，也不斷有不同背景的人群來到台灣。這些外來移民不只漢人，還包括荷蘭人、西班牙人、日本人、琉球人、菲律賓人，甚至歐美其他國家的人士等。他們停留的時間或長或短，可能只是短暫的移民，或準備長久定居；有些人融入台灣社會，有些人因為歷史的變動，最後離開台灣的家園。在漫長的時間中，有的族群在整體比例中逐漸成長，有的則漸漸減少。這種族群消長的現象背後有許多複雜的因素，正是學者研究當今面貌如何形成時的重要課題。

時間、空間、人群與歷史的關係

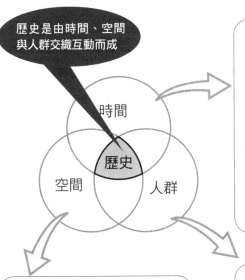

歷史是由時間、空間與人群交織互動而成

時間
歷史
空間　人群

從時間來看歷史

1. 結構性的因素如何反覆循環影響歷史的發展？
2. 哪些歷史的演變是在先前的基礎上不斷累積的結果？
3. 歷史中是否有突然發生的鉅變？打破歷史的連續性？

說明

歷史上有時會出現新的事物，有時舊有的事物又消逝無蹤。有時歷史會維持長時期的穩定狀態，但有時又會發生劇烈的斷裂。這些都是史學家留意的重點。

從空間來看歷史

1. 該地區如何和周邊地域共同發展出區域的歷史？
2. 該地區如何捲入其他地域歷史潮流的運動、參與整個世界歷史的進程？

說明

台灣是個海島，但島嶼的性質並非孤立，島上居民透過海洋和其他人群社會建立聯繫，並隨著時代演進和鄰近地區與世界發生或強或弱的關係。

從人群來看歷史

1. 後代人是否輕易落入掌權者的立場？
2. 後代人是否將族群的現狀視為理所當然？只看結果，不問歷史形成的過程？

說明

由於強勢的族群通常掌握了書寫歷史的權力，因此學者會特別探討少數與弱勢族群的歷史，藉此補充歷史中遺漏的部分，進而重新描繪各族群間的複雜關係。

從不同的歷史視野看台灣

台灣的歷史有其整體性和獨特性，但台灣史上許多重要的歷史現象，必須從整個東亞、中國以及近代世界的變動來考察，才能獲得完整清楚的說明。因此學者會擴大研究的視野，與這些重要的歷史範疇合併探討，了解台灣在不同歷史階段的世界潮流與國際情勢中的地位，以獲得比較完整的面貌。

東亞史

　　台灣海峽分隔了台灣與亞洲大陸，台灣鄰近中國、位居東亞海域南北往來要衝的地理形勢，對台灣的歷史發展產生結構性的影響。不但在數千年前亞洲古民族的大遷徙中，台灣位居十字路口的關鍵地位；在進入文字歷史時代以後，台灣和周圍海域以及鄰近的島嶼和大陸，包括琉球、日本、中國沿海與越南、菲律賓等地產生極為密切的關係，諸如人口的移動、物資的交流、在政治上先後隸屬於中國和日本，乃至文化的傳布等，台灣都處於整個東亞的格局中。想要了解台灣長時段的歷史發展，只有放在東亞的大範圍中，才能獲得適當的說明。

中國史

　　不過，歷史的發展並不完全受到地理形勢的限制。人群的移動同時也將社會文化散布到各地，而依權力劃分的政治疆界，也影響社會人文的活動。因此想要了解台灣的漢人社會，不能不關切中國史。從十六世紀以來，中國東南方的海上活動日益興盛，台灣與中國的關係日趨緊密，從民間的經濟交流，逐漸涉及到政治與軍事的層面，最後演變成清朝將台灣納入領土。隨著漢人陸續移民台灣，漸漸成為台灣人口中最多數的族群，進而奠立了台灣社會文化的基本性格。這段時期長達兩百餘年，對台灣產生深厚的影響，即使在二十世紀，歷經日本的殖民統治和兩岸的政治抗衡，台灣與中國的社會文化始終有極密切的關係。因此想要了解台灣進入文字歷史時代後的發展，中國史的歷史背景是不可或缺的一環。

歷史現場

時間觀、歷史感與傳述歷史的媒介

歷史研究非常重視文獻證據，但各族群卻不見得都有用文字記載和保存紀錄的習慣，有的族群用口頭傳述來記憶自己的歷史。而且，每個族群的時間觀與歷史感也不盡相同：有些族群認為時間是靜止的、或循環的；有的族群認為自己是進步的，而別人是停滯的，甚至是沒有歷史。這些不同的文化觀念都構成歷史學的挑戰。

世界史

最後，了解台灣歷史的背景，還需從世界史的發展去尋找線索。早在十六世紀，歐洲人開始地理擴張，到世界各地殖民與貿易。此時台灣和世界上許多地方一樣，都淪為歐洲帝國主義的海外屬地。但隨後歐洲海外擴張的重心轉移，台灣與中國的連結增強，台灣才減少與歐美的聯繫。等到十九世紀中葉，現代世界的版圖逐漸成形，歐美各國憑藉著武力的優勢，以資本主義的經濟模式、挾帶工業產品向東亞大幅進軍，並透過交通與電訊，將世界連成一氣。從此台灣政治地位的變動、經濟景氣的興衰和思想文化的傳播，都成為跨越區域、全球連動現象的一部分，因此必須追溯近代世界的交流與變遷，我們才能充分解釋台灣的歷史。

不同的歷史視野與台灣

1. 海洋與陸地
除了大陸的歷史之外，也有海洋的歷史和島嶼的歷史，由海洋與陸地的互相關係更容易了解台灣在東亞歷史中的發展。

2. 自然與人文
自然與人文的交互作用包括洋流、季風對台灣社會的影響，以及生態環境如何影響台灣與各地的物產交流和經濟活動等等。

東亞史

台灣史

中國史　　　　　世界史

1. 就時間而言
中國史上明清以降的歷史和台灣史有密切的關係，因為兩地有直接的交流，台灣史的變化必須參考中國史。

2. 就內涵而言
想要了解傳入台灣的文化，有時必須追溯到明清以前的歷史，才能清楚說明。

1. 直接或間接的影響
台灣與世界其他地方的關係，有些影響顯而易見；有些則必須不斷追溯線索才能明白。

2. 共同的歷史潮流
像是資本主義，讓世界各地的人民相互牽連，或擁有共同的經驗。

台灣史研究的歷程

我們今天對台灣歷史的認識，也經歷了漫長的形成過程。不只是知識的內容逐漸增加，學者對過去歷史的認知和評價也有相當大的轉變。從台灣史研究的興衰起伏，可以看出台灣在不同階段的時空環境裡，知識生產與政治社會的關係。

中國的傳統學術

從十七世紀以降，來台的各方人士開始記錄他們在台灣的見聞，留下許多零星的文獻。到了清朝，才傳來中國地方志的史學傳統，當時許多地方官員會編纂自己轄區內的歷史，記載當地的風土民情和地理歷史。到了日治時代，文人連橫感受到台灣割讓的悲苦，採用中國傳統學術的體例，寫出了追溯到荷、鄭時代、以漢人為主軸的《台灣通史》，宣揚民族主義的情懷。

現代知識體系的傳入

在此同時，效法西方知識體系的日本學者，也到台灣進行各種研究。有些人協助總督府進行調查，留下許多寶貴的資料；有些人秉持求知的熱忱，以現代學術的眼光，不但仔細探討漢人的歷史，同時也將調查範圍擴大到原住民，以及史前時代的考古，甚至追溯到荷蘭與西班牙統治的時代。他們的工作為現代的歷史學、考古學、人類學、民俗學、人文地理學與宗教研究等各方面的研究，奠定了最早的典範。其中以伊能嘉矩依現代學術方法撰寫的著作影響最大。

附屬於中國史研究的地方史

到了日治後期，當接受新式教育的台民知識分子逐漸對身處的台灣產生興趣，統治的政權恰巧又再度轉換，造成日治以降、剛萌芽的知識傳統受到很大的影響。進入中華民國時期後，在國民黨政府主政下，台灣史研究的知識定位依從於國家民族的政治定位。在當時的政治情勢與意識型態中，台灣被認為是中國的一個省份，台灣史也成為中國的地方史。對台灣歷史的解釋，也放在中國近現代史的背景下、從國民黨政府所界定的民族主義觀點來評價，而這種觀點對於台灣史的真相，往往產生相當程度的扭曲。而且在威權統治的時代，歷史學做為一門可以誘發人思考現實的學科，遭到執政者的防範；台灣史更是包含許多政治的忌諱。因此在台灣，雖然社會上仍有人在從事民俗的採集，但是學院中只有極少數學者進行研究，另外就是海外的學者秉持堅定的政治觀點開拓台灣史研究。

台灣史研究的成長

一九四九年以後，中國的傳統學術及其現代發展也傳入台灣。眾多來自中國大陸的知識菁英受聘於大學院校，奠立往後四十餘年學院的人文科系以中國的歷史文化為主軸的體制，也建立了堅強優秀的中國史研究傳統。到了七〇年代，由於政治社會和思想的變化，台灣史開始在學院中吸引更多人的興趣。傳統的中國史研究，也逐漸從明清史與近現代史中開展出台灣史的研究，到了八〇年代，社會上有更多人想要認識台灣的過去。台灣史的意義與重要性逐漸受到肯定，台灣史的研究和教學逐漸在學院中取得進一步的發展。

台灣史研究的發展

1603 年	隨軍來台討伐海盜的陳第寫下〈東番記〉。他是第一位親眼觀察台灣，並留下紀錄的漢人。
1685 年	台灣知府蔣毓英開始纂修《台灣府志》，成為清朝治下第一位編纂地方志的官員。
1897 年	日本學者鳥居龍藏首度來台，開創台灣的人類學。他日後前往蘭嶼與中央山脈進行田野調查，並運用攝影技術留下大批原住民的影像紀錄。
1903 年	長老教會牧師甘為霖，整理荷蘭時代的史料，出版《荷蘭人統治下的福爾摩沙》。
1921 年	在台灣割讓給日本的刺激下·連橫（連雅堂）秉持民族主義的精神，超越傳統方志的規模完成《台灣通史》。
1928 年	日本學者伊能嘉矩的遺稿《台灣文化志》出版。他調查漢人習俗、搜集各種文獻，為台灣漢人的民俗和歷史研究樹立典範。
1928 年	台北帝國大學（今台灣大學的前身）成立·研究當時所謂的「南洋史」，許多關於台灣的研究也納入學院體制中。
1929 年	日本學者矢內原忠雄出版《帝國主義下的台灣》，運用社會主義的觀點，考察日治台灣的經濟，批判日本殖民政府的掠奪。
1962 年	旅居日本的革命家史明出版《台灣人四　年史》；隔兩年·另一位學者王育德出版《苦悶—台灣的歷史》，對日後台灣的政治運動產生很大的影響。
1972 年	考古學者張光直推動「濁水與大肚兩溪流域自然與人文科際研究計畫」，在台灣中部地區進行科際整合的研究。
1973 年	中央研究院近代史研究所推動「中國（近）現代化區域研究」，探討中國的現代化，將台灣與福建、浙江合併在同一區域中撰述。
1985 年	中央研究院推動「台灣史田野研究計畫」，隔年成立研究室。到一九九三年成立「台灣史研究所籌備處」，二〇〇四年正式成立研究所。

為什麼要了解台灣史？

了解一門知識的動力可能是基於興趣、價值和責任。許多人投入時間精力去研究台灣的歷史，可能是對現狀感到興趣，想要重新認識當下的環境；也可能是他們發現台灣史中有獨特的價值；或者是身為這塊土地的住民，想要了解自身的過去。

理解過去觀照現在

有疑惑、感興趣和想了解，是知識研究最基礎的動力。雖然歷史是研究過去的學問，但歷史學者並不只對完全脫離現在時空的人事物感興趣。這是因為了解過去，其實也是理解現狀的一大關鍵。由於歷史學者與其他人一樣生活在當下，他們的認知因而擺盪在過去與現在之間，有時從現在去了解過去，有時則從過去來理解現在。而史學研究的理想境界之一，正是學者擺脫當下的成見，設身處地進入古代的時空，以獲得對當時的時空環境與人群的認識。而研究的成果，也能夠讓有心了解歷史的讀者擺脫對現實的成見，啟發讀者重新觀照現在。

獨特性和整體性

由於台灣處在中國文明的幅射圈中，具有研究中國史的親緣性，有些人不免會懷疑，台灣史是否比得上浩瀚的中國史？但在知識體系中，研究的價值並不單純從研究對象的大小來判定。像中國這樣巨大的文明體系，當然有它值得探究的

問題，但這個標準不能夠用來衡量台灣史的研究。因為知識研究的價值在於學者付出的努力，而不在研究對象的大小。此外，台灣史有不同於中國史的獨特之處，不只台灣的學者體認到這一點，包括美國、日本和中國等地的研究者也都陸續發現，台灣史的內容並不能直接反映中國的情形；台灣史上突出的現象，中國史也無法充分解釋，仍然必須從台灣史之中來尋求解釋。

使命感和責任感

最後一項驅使著許多人投入研究工作的動力是使命感。儘管台灣史有許多潛在獨特的價值，可以貢獻於人類的知識，但這一點不能無限地擴大。在人類史上還有其他內涵豐富、在人類文明發展中同樣獨特，甚至分量更重的地域，自然吸引著世界各地人士的注意和興趣。所以雖然逐漸有更多台灣以外的人士，對台灣感到興趣，但世界上其他地方的人並不會特別或優先來關心台灣的歷史。如果台灣的住民自己不去研究與了解台灣的過去，世界上其他的人很可能會忽略，甚至

遺忘這個地方的歷史，或者由別人
來代言台灣的歷史。

探討台灣史的基本取徑

文字歷史時代的分期

- 荷、西、明鄭時代
- 清朝時代
- 日治時代
- 中華民國時期

政治是影響人民生活的一大力量，依政權的更迭來劃分歷史的階段是簡易常見的做法。

歷史的分期還有不同的方式，在政治以外仍然有其他的歷史動力，而且社會、經濟、思想、文化等發展未必完全和政權的更迭一致。

專史

- 政治史
- 制度史
- 經濟史
- 教育史
- 社會史
- 婦女史
- 文化史
- 思想史

專史是選擇一個感興趣的領域和限定的範圍，集中討論相關聯的問題。

研究主題會設定在單一的焦點上，但在實際的研究過程中，政治、經濟、社會、文化等各方面往往互相牽連，因此研究的成果會反映出歷史整體的面貌。

台灣研究與科際整合

- 歷史地理學
- 歷史社會學
- 歷史人類學
- 城市史
- 建築史
- 宗教史
- 戲劇史
- 美術史
- 文學史
- 醫學史
- 環境史

各個學科領域可在台灣史的範圍中，找到相對應並有意義的課題。

台灣史吸引了不同知識領域的人投入其中，有些課題必須具備歷史學科以外的專業知識，才能夠進行；有些課題則是透過不同專業之間的相互合作、共同進行研究，才能全方面地了解一個主題。

鄉土史

- 縣市史
- 鄉鎮史
- 村落史

鄉土史的內容主要是平民百姓的生活。

鄉土史雖然以小範圍的地域空間為單位，但其內容往往貫串各個時代、涉及各種課題，使得研究者更需要具備整體的知識與全觀的視野，才能闡明各種歷史的作用。

※台灣史的研究主題繁多，在此僅列舉數項為例。

不同時代的台灣史教育

在現代民族國家成形的動態過程中，藉由抹平差異、塑造出共同歷史來激發民族情感；透過學校教育來灌輸和塑造國民的歷史意識，乃是執政者重視的精神工程。在二十世紀，台灣先後受到不同政權的統治。如何教導台民學童認識歷史？認識台灣？也隨著政權取向的不同而有很大的差異。

日治時代：去除歷史的台灣

在日治時代，學習的環境和現在有很大的不同。對當時的兒童來說，學校教科書就是他們最主要的知識來源。由於日本教育界重視讓學生結合生活經驗來掌握知識，所以台灣的教科書包含許多台灣鄉土的內容，並鼓勵學生愛護自己的家鄉。儘管如此，由於日人有心將台民化育為「皇國」的臣民，所以極少在這些鄉土教材中放進有關台灣歷史的內容。即使有，也只是為了襯托出日本統治的優越而已。因此大多數的台民所學習到的是日本國的歷史，而台灣史的分量則微不足道，對中國的過去，更是一無所知。

國民黨政府主政時期：附屬於中國的台灣

台灣重歸中國統治後，主政的國民黨政府同樣採取壓抑台灣文化與歷史記憶的各種措施；台灣的歷史與鄉土在國民教育中的分量也無足輕重。其中原因非常複雜，主要是為了配合當時政治的需要。這種教育對許多長輩親人原居於台灣、而在戰後成長的世代造成深遠的影響，讓他們所認識的歷史完全以中國為座標，對其父母所擁有的歷史記憶產生無法銜接的斷裂，對於自己生長的地方也缺乏認識。

然而，隨著台灣社會意識的變化，以及對歷史教育出現修正的觀點，這種徹底將台灣史附屬於中國史的教育方式，在九〇年代後遭遇到許多批評，之後，國家的教育機關才逐漸調整歷史教育方針，改以尊重台灣歷史的真實性與特性，摸索嘗試新的教育方式，將台灣史傳授給新一代的學子。

歷史教育與國族認同

出於政治認同的需要，國家需要有自己的歷史。國民教育由國家推動，當然和政權的自我定位有關。然而，國家、民族和社會的生成，很少是完全和諧的過程，內部往往有各種衝突矛盾。在台灣，由於國家認同的爭議，使得國家歷史的內容更缺乏共識。因此在建構民族國家的論述時，如何體認歷史的複雜性，接受不容易面對的歷史事實，尊重各族群不同的歷史記憶，成為敘述國家歷史的起點。

歷史學與民族國家的關係

民族國家的意識型態

出現在近代史上的民族國家，不只是用有形的邊界隔離各地的人群，它還要求所屬人民產生主觀的認同，區別自己和其他人群不同。

依據意識型態建構國家歷史

民族國家的歷史

由於政治立場或意識型態的導引，民族國家的歷史往往抹平內部的各種差異，刻意偏重、忽略特定的事實，甚至捏造虛構，以激發國族意識。

民族國家塑造歷史意識

透過教育或大眾傳播媒體，創造出共同的歷史記憶，以凝聚集體的認同。

歷史研究的批判作用

秉持求真的研究，就會對現存的政治權力和當道的社會意識構成挑戰。

歷史教育反映社會需要

國民教育的歷史教學由政府主導，其真正的目標是培養公民具備歷史知識來思考當代社會的問題。

歷史研究成果轉化為教育內容

歷史研究具獨立價值

對過去真相的探索是歷史學最根本的目標，有些研究的課題純粹是解決知識上的疑惑，不見得與外在環境有關。

台灣史的史觀

簡化來說，所謂的「史觀」是人們在認識歷史時，對於歷史的主軸或動力所採取的一套前後一致的看法。有些史觀比較複雜，雖然解釋、評價和判斷標準前後一貫，但涉及的理智運作卻相當精緻。有些史觀被人簡化之後，卻只剩下一套簡單的答案來回答複雜的問題。

史觀是史家的反省與創造

從知識的觀點來看，史觀涉及到人認知事物的框架和態度。就此而言，每個史學家或多或少都有自己的一套史觀。有時史家的知識觀點反映出他個人的身分和地位，有時則展現他的興趣和關懷。而且要從紛紜複雜的歷史現象中釐清各種因素的作用，史學家還必須憑藉他個人的思想資源，因此史觀也是史家的反省和創造。

時代的限制與轉變

有時一個時代會形成特定的思想氣氛，每個人或多或少都感染同一套看待事物的眼光。由於史家也是時代的一分子，也未必能豁免於這些風靡整個社會的想法。比如說，在過去很長一段時間，即使是學者中最有反省能力的人也不一定能了解原

住民在台灣史上的地位和處境，或給予足夠的重視。不過，隨時代風氣而產生的史觀，往往也隨

環境變遷而流逝。當人們的觀念發生了改變，史觀也重新被檢討。

史觀與問題

有些史觀由於內在邏輯一貫，或採取單一的角度，所以比較容易從繁複的歷史現象直接獲得答案，或突出特定的部分。但是單一的史觀所忽略的部分，就需要不同的史觀彼此修正、批評和補充。而且，現成的史觀往往無法為新的研究、複雜的問題提供解答，史家只能尋找更充分齊全的證據來判斷問題，甚至，史家不一定能完整解答所有的問題。不過史家的研究可以幫助讀者去分辨哪些是太粗糙而沒有根據的答案。對某些容易引起爭議的問題、難以提供簡單答案的問題上，謹守知識良知的史家不輕易採取特定的史觀，而以最嚴格的證據標準，只提供最含蓄的答案以培養理智的清明，鼓勵人們面對複雜的歷史。

史學的理智態度

人類歷史中有許多權力不平等所造成的不公義。學者除了努力挖掘被權力所泯滅的歷史事實之外，也嘗試用理智的態度從歷史之中去了解原因，而不是只從意識型態、民族情感、價值觀念或道德判斷來做結論。

檢討

掌權者往往在文獻中記錄自己的勝利，而帶著偏見去描述別人，使後人難以從弱勢者的觀點來了解歷史的過程。

以漢人為中心

將清代台灣的歷史敘述成漢人艱苦卓絕開發台灣、成功勝利的故事，而忽略原住民的角色和活。

檢討

歐美強國施展理性的專橫與權力的蠻橫，干預、介入世界各地人群原來的傳統生活，造成了許多不公義與傷害。

檢討

這種看法的潛在危險是替日本的殖民合理化，忽略其中的剝削。

以日本為中心

有些日本人認為，日治時代為台灣奠定許多現代化的基礎，這是日本帝國提攜落後地區，所帶來的光明成就。

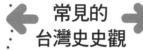

常見的
台灣史史觀

以西方為中心

強盛的歐美文明推動近代的歷史潮流，現代國家的成立和資本主義的市場經濟深刻改變人類的生活，新的強權也塑造新的世界秩序。

以中國為中心

台灣雖然在地理上僻處中國的邊緣，但由於歷史情勢的變化，在許多方面反而保留以中國為中心的思考方向。

以台灣為中心

這個在過去數十年來慢慢浮現的想法，和主張台灣獨立的立場有關。但是這個觀點並非只是政治的產物，它也反映出歷史形勢與社會現實的變遷。

檢討

這個思考框架受到中國傳統和現代民族主義觀的強大影響，不見得能持平地認識台灣歷史與現狀。

檢討

這個立場也可能和其他特定中心的觀點一樣會產生偏差，研究時若預設台灣是單一整體，並不能泯除內部不同族群、階層的歧異。

第 2 章

史前時代

在地球上出現人類活動之後、文字發明以前的這段時間，稱為「史前時代」。由於這段時間沒有文獻的證據可以考察，因此必須透過考古學、語言學和人類學等學科，從考古遺址、殘存的語言和當代原住民身上來認識過去。因為台灣位居東亞大陸的外圍、南島語族的最北端，地理形勢使得史前時代的台灣維持孤立的發展，幾次重大文明變革的動力都來自島外人群與文化的刺激。而當東亞各地先後進入文字發明後的歷史時代，台灣沒有很快地加入以中國文明為首的東亞世界，也不像南亞及東南亞等地的族群，先後受到印度教、佛教和回教的影響，而保持更多自己的特性。

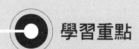

學習重點

史前時代的人類如何發現台灣？
台灣在史前時代各階段的生活方式是什麼？
史前時代台灣的文明有何特色？
什麼是南島語族？
該從什麼角度思考原住民地位變化的意涵？
史前時代的台灣跟中國有什麼關係？

舊石器時代

地球上史前時代的時間很長，從三、四百萬年前就已經開始有人類活動的痕跡。這數百萬年間，由於氣候和地形的變動，加上其他物種的威脅，人類發展的腳步相當緩慢。在這段被稱為「舊石器時代」的時間中，台灣一直要到比較晚，大約在四、五萬年前，才出現人類的蹤跡。

長濱文化與左鎮人

此時正當地質史上的冰河期，由於氣溫較低，冰層結凍，導致海平面下降，大陸邊緣比較淺的地帶，像是台灣海峽便浮現在水面上，成為聯絡島嶼與大陸的「陸橋」。由於台灣與亞洲大陸相連，在數萬年前，很可能有人類追趕著動物，避開潮濕的沼澤，通過沒有積水的地方，一路來到台灣。他們還繼續向東前進，穿越或繞過中央山脈，最後在今天台東縣長濱鄉海岸邊的洞穴居住了一段時間，因而留下人類最早在台灣活動的痕跡—「長濱文化」。另外在台南縣左鎮出土的化石則透露出，在人種的演化史上，這批來到台灣的「左鎮人」已經不屬於在遠古滅絕的「人種」，而是和目前僅存的現代人類相接近的人種，他們也成為台灣最早的居民。

舊石器時代的延續

到了一萬年前，地質史上距今最近的冰河期結束了。氣溫逐漸回升，冰層開始融化，上升的海水又逐漸淹沒台灣海峽，上頭的生物也被迫向大陸或海島兩邊移動，來到台灣的生物和人類無法再輕易遷徙到其他地方。由於整個地球氣候的轉變，地表環境、生物活動和人類覓食的方式產生鉅變。許多舊石器文化逐漸結束，或先或後過渡到新石器時代。然而台灣的舊石器文化，比起那些較早進入新石器時代的文化，又多延續五千餘年，仍然以採集、狩獵和漁撈做為主要的生產方式。這可能是因為台灣的生態資源相當豐富，生產食物的壓力較小，可以維持原有的生活型態；也可能是孤立於海島，減少接觸外界文化的機會，造成文化發展的遲滯。

時間感的意識

要了解事物的發展，心中常需要一把衡量時間的尺度。在習慣掌握每日新聞的現代人來看，可能是日、週、月；對試圖掌握長期趨勢的歷史學者來說，可能是年、數十年，甚至數百年。但對整理分析考古材料的考古學者來說，他們眼中的人類活動卻橫跨數千年、上萬年。因此我們也必須嘗試把思考的時間縱深拉長，去想像這些演變是在數十代人之間緩慢地進行，才能領悟人類早期活動變遷的意涵。

舊石器時代的文化內容

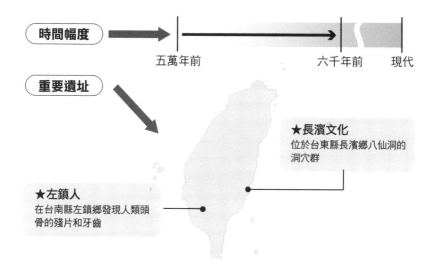

時間幅度

五萬年前　　　　　　　　　　六千年前　　現代

重要遺址

★長濱文化
位於台東縣長濱鄉八仙洞的
洞穴群

★左鎮人
在台南縣左鎮鄉發現人類頭
骨的殘片和牙齒

人類與自然 ➡ **採集、狩獵和漁撈是主要的生產方式。**

1.人類處於「採食」階段，不會耕種植物和畜養動物，無法改造自然環境。
2.人類以撈食魚和貝類為生，和其他的動物共處。這時候比較大型動物有劍齒
　象、普通象、犀牛、劍齒虎等，另外還有古代的鹿和野牛等。

工具製作 ➡ **利用海濱的圓礫石敲敲打打，製成各種石器。**

1.人類使用各種工具進行狩獵、捕魚、採集和加工等活動。
2.利用吃剩的、質地較軟的魚骨、貝殼、動物骨頭和角，製成針、鑿和魚鉤。
3.敲打製作出來的石器比較簡單粗糙，有的沒有特定的形狀。

聚落與社會 ➡ **居住在海邊的洞穴，或岩石的蔭蔽處等隱閉背
風的地方。**

1.因為氣候寒冷，選擇住所的重要考量是防雨避風和保暖。
2.為方便利用海岸邊潮間帶的食物資源，多居住在靠近海的低地。
3.遷徙是生活的常態，形成短期定居的小型聚落，或者移動性較高的隊群。

族群與文化 ➡ **和華南地區的文化有密切關係。**

從考古遺址的證據來推斷，長濱文化和中國南部的石器文化有密切的關係，並不
是在台灣獨立發生的文化。

新石器時代

隨著地球脫離冰河期，台灣海峽也淹沒在升起的海平面下，海洋產生阻隔的作用，讓台灣孤立發展了一段時間。但對史前人類中擅於航海的族群而言，海洋也是通路，他們能夠從大陸駕船到周邊島嶼，進而向南北擴散移動。因此這數千年間，人群的移動與文化的交流依然在海峽兩岸與東亞海域間密切進行。

外來移民的影響

進入新石器時代後，地球上有幾個適合發展農業的地區，逐漸出現人類的主要文明。中國文明在東亞日益茁壯，以華北為中心向外強力吸收和擴張，周邊族群也受到層層的衝擊而產生一波波的遷徙。原先居住在大陸東南沿岸的人群也向海洋移動，移民到鄰近的台灣。他們或者以此為跳板，繼續遠航到其他島嶼；或者定居下來，成為新的主人；他們可能對原有的人群文化產生強大的影響，也可能引進全新不同的內容。於是，在外來人群與文化的觸發下，距今五千年到六千年的這段時間，台灣進入了新石器時代，文化的內容和舊石器時代產生了斷裂，前後有非常大的不同。

生產及工具技術的進步

新石器時代的文化在生產方式和工具技術上都有很大的突破。

然而新舊生活方式的交替，仍然持續很長一段時間，漁撈和採集還是重要的生產方式，因為肉類是補充蛋白質的重要來源，農耕則經歷漫長的發展道路，技術才逐漸成熟。在這段期間，根莖類的薯、芋是主要的農作物，但已經開始栽培稻穀類，產量也逐漸增加。

因環境發展出多元文化

和舊石器時代的時程一樣，新石器時代在台灣，比起有些文明，持續了更長一段時間。在這六、七千年的時間裡，由於人口逐漸增加，人群的居住地點也從海岸和平原等地區，逐漸向內陸擴展到河谷、丘陵地以及地勢較高的河階地。各地方為了適應不同生態環境，逐漸發展出面貌不同的多元性地方文化。

複雜的生產工具

對習慣科技日新月異的現代人來說，史前人類的技術演進似乎非常遲緩，他們的生活世界似乎很簡單。但在考古學者的剖析下，各種出土的器具其實非常繁複，有各種細微的差別與不同的作用。像是捕魚有好幾種方法，每種又使用不同的工具。狩獵的武器，如箭頭、標槍和矛頭等，各自有不同的殺傷力。至於農業生產，像砍樹、杵米、掘地等，也有專門運用的工具。

新石器時代的文化內容

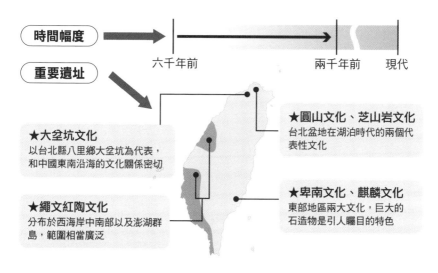

時間幅度

六千年前　　　　　兩千年前　　現代

重要遺址

★圓山文化、芝山岩文化
台北盆地在湖泊時代的兩個代表性文化

★大坌坑文化
以台北縣八里鄉大坌坑為代表，和中國東南沿海的文化關係密切

★卑南文化、麒麟文化
東部地區兩大文化，巨大的石造物是引人矚目的特色

★繩文紅陶文化
分布於西海岸中南部以及澎湖群島，範圍相當廣泛

 人類與自然 ➡ **農業種植和畜養家畜是最大的轉變。**

1. 人類進入「產食」階段，農業改變了自然環境，但保持人與生態的平衡。
2. 漁撈、狩獵和採集仍然是主要的生產活動。人們畜養牲畜，和狗一同追捕山豬、羊和野鹿。

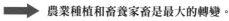 **工具製作** ➡ **用研磨的工法製作石器，發明用火燒土製作陶器的技術。**

1. 各種裝水、儲存食物和煮東西的陶器愈來愈堅固耐用。
2. 製作石器的技術提高，生產活動更有效率，工具的種類增加，功能分化。
3. 人的創造力跨越生產工具的實用性，出現了玉石、貝殼和陶製的裝飾品。

 聚落與社會 ➡ **長期定居；聚落成長、彼此衝突；社會分工與貧富分化。**

1. 糧食供應日益穩定，人類逐漸長期定居，形成範圍較大的聚落。
2. 各聚落間互相往來、模仿彼此文化，但也有競爭衝突。
3. 開始重視人死後的喪葬儀式，社會也出現不同階層及財產多寡的區隔現象。

 族群與文化 ➡ **南島語族移入，並在台灣傳承下來。**

台灣在新石器時代的文化和福建、廣東地區同時期的文化有相近之處，兩岸之間如果不是直接的移民或傳承的關係，便是相互影響的互動關係。

金屬器與石器並用時代

文明的發展，可能是自然的演化，或是受到外來的影響。台灣從舊石器時代到新石器時代，再進入到使用鐵器的時代，兩次文明變革的動力，主要都和台灣以外的人群移動與文化傳播有關。但隨著台灣海峽的阻隔，古代民族的遷徙告一段落之後，台灣也進入孤立發展的時代。

東亞世界的成形

過去數千年間，以漢族為主的中國文明，不但發明了文字、從新石器時代跨入歷史時代，並逐漸成長為東亞文明的核心，透過海路、陸路與歐亞大陸上其他的重要文明相互交流。鄰近的韓國、日本、琉球與越南也或先或後進入文字歷史的時代，成立古代民族王國的體制，接受中國文明的影響，銜接上歐亞大陸文明交流的幹線。位居邊緣離島的台灣，由於島內各個族群沒有統合成單一民族建立起政治組織，因而處於國際交流的網絡之外。

金屬器與石器並用

於是，台灣在較少受到外力影響、也缺乏交流的情勢下，進入以鐵器為主的金屬器與石器並用的時代。這段期間，擴散到全島各地的族群，隨著不同的環境而逐漸分化，發展出不同的文化面貌。其中比較大的突破是在距今二千年前到一千五百年的這段期間，台灣西部沿海地區的文化進入以鐵器為主要生產工具的金屬器時代，同時還使用其他金、銀、銅等材質的器具，石器則大量減少。但是使用鐵器，並不代表能生產鐵器，目前所知唯一具有煉鐵技術的文化是北部的十三行遺址，其他的文化可能是透過交換而獲得鐵器。在東部地區和內陸的丘陵山地，仍有許多族群無法取得珍貴的金屬資源，依然以使用石器為主。

台灣島內與島外的交流

從北部的鐵器出現在台灣中部、南部和東部，可以看出島內各地有密切的交流。不只是珍貴的鐵器和玉器在流通，來自花蓮、澎湖和高山等地不同的石材，也在各個文化之間傳遞，進而影響各地方文化的發展。在許多遺址的考古遺物中，還可以發現到玻璃、瑪瑙和瓷器等台灣島外的物質，顯示出當時台灣的物質交易圈，涵蓋了北自琉球、南到菲律賓、中南半島以及亞洲大陸南部的廣大地域。

金屬器與石器並用時代的文化內容

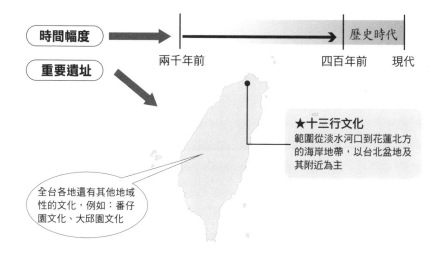

時間幅度

兩千年前 四百年前 歷史時代 現代

重要遺址

★十三行文化
範圍從淡水河口到花蓮北方的海岸地帶，以台北盆地及其附近為主

全台各地還有其他地域性的文化，例如：番仔園文化、大邱園文化

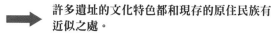

人類與自然 ➡️ **處於不同環境的族群更精密地利用自然資源。**

1. 在平原和丘陵地區，農業是主要的生產型態。
2. 部分族群選擇以狩獵為生，他們向深山遷移，甚至達到近三千公尺的高山，這在世界上是很罕見的紀錄。

工具製作 ➡️ **台灣局部進入製造和使用鐵器的時代。**

1. 金屬器具可以做為農具、獵具等生產工具。
2. 金器和銅器也經常用於儀式性和裝飾性的用途。

聚落與社會 ➡️ **許多遺址的文化特色都和現存的原住民族有近似之處。**

聚落範圍因環境差異而不同，大型聚落可能聚居了二、三百戶的人家，面積達五十萬平方公尺（相當於中正紀念堂的兩倍大）。中小型的聚落面積則在五萬平方公尺以下。

族群與文化 ➡️ **台灣島內與島外的區域保持接觸。**

1. 部分遺址出現中國東南沿海的器物，像是瓷器和質地堅硬的陶器，以及金屬器皿和銅錢等等，顯示兩岸有貿易交流的關係。
2. 各遺址的喪葬方式有很大的歧異，顯示文化發展的多樣性。

南島語族

儘管經歷了千百年的融混與發展，語言的穩定性比起人類其他的文化現象還要更高。所以學者透過實地收集調查殘存的語言，仍然能夠推測出現今散居各地的民族，在數千年前的史前時代，可能是源起於相同的種族；進而再從語言類型和變異的現象，探討民族的起源、遷移和分布。

「語族」的基本概念

從十八世紀以來，許多學者進行田野調查，記錄下各地民族的語言，再透過與其他民族的語言材料相互比對，依據彼此異同的情形，劃分出幾個主要的「語族」。以東亞而言，漢人是「漢藏語族」的一支；日本人和韓國人則是「阿爾泰語族」；台灣的族群則屬於「南島語族」，字面的意思就是亞洲大陸南方的島嶼民族。雖然同一個「語族」的語言基本結構近似，但經歷數千年的演變，各民族實際所講的語言已經有很大的不同，彼此已經無法直接溝通了。

台灣是南島語族的關鍵地

據部分學者推測，在數千年前，南島語族是一支原居於東亞大陸南方的古代民族，他們可能遭受到北方民族的壓力，或者為了尋找更合適的生存環境，經過輾轉遷徙，大約從六千年前開始，先後分為好幾波陸續從華南來到台灣。有些族群還繼續移動，向南擴散到西太平洋和印度洋之間，定居在南亞與東南亞的大小島嶼和半島上。他們在這片錯雜著海洋與陸地的區域中發展出卓越的航海技能，並且逐漸分化成說著近一千種不同語言的族群。

而留在台灣的南島語族，最初是從西海岸中部的平原登陸，再向全島四處遷移，經過長時間的分化後成為不同的族群，發展出不同的親屬、政治與社會組織和宗教信仰。因為台灣南島語族的語言最歧異，保存許多古代南島語言的特徵。因此台灣的南島語對整個語族的研究非常重要，不但是主要的類別，而且台灣至少是古代南島語族最早的居住地，甚至是發源地。

從語言的內容推測生活和文化

語言能夠反映生活與文化的內容，但史前時代卻沒有留下語言文字的紀錄。不過，語言學者採用特殊的研究方法，仍然設法重建出三千多個南島語族的語彙，還原當時生活內容與精神世界。例如：「肝」這個詞語，在南島語族的觀念中，代表了靈魂的所在和思維的中心。

南島語族擴散圖

據部分學者的看法，南島語族的擴散是由北而南，歷經兩千餘年，前後共分為七個階段。他們靠著農業與航海的技術，乘著獨木舟踏上一個又一個的島嶼，進行熱絡的海上交易。

東南亞島嶼的南島語族在十世紀進入了歷史時代，逐漸接觸到中南半島、印度和西亞傳來的文明。

從大陸東南部遷到台灣

大陸

台灣

從台灣擴散到菲律賓北部

西太平洋

菲律賓

逐漸遷移到東南亞各群島

太平洋群島的南島語族維持新石器時代以來的生活方式，直到十八世紀才開始接觸歐洲人。

馬達加斯加

擴散到太平洋群島，最遠到達夏威夷、復活節島

印度尼西亞

紐西蘭

印度洋

遷移的最後階段到達馬達加斯加及紐西蘭

近代原住民的處境

在新石器時代來到台灣的南島語族，在這數千年間經營著自主的生活，不但對外封閉，內部也保持疏異的特性。直到四百多年前，歐洲擴張的勢力伸展到東亞，漢人海外貿易的範圍逐漸涵蓋到台灣，台灣從此進入了歷史時代，更和世界、東亞與中國的歷史連結起來，和其他各地的人群共處於同步的歷史時間。

原先的主人轉變成弱勢族群

台灣的南島語族在進入歷史時代後的四百年間，不斷遭受外在力量的強大衝擊，經歷劇烈變遷，從台灣這塊土地的主人，到今天成為社會中少數邊緣的弱勢族群。原住民的地位下降，並不是人類自然進化理所當然的結果，也不能從優勝劣敗的眼光來評斷，它其實是個長期的歷史過程。在族群的接觸互動與雙方力量起伏消長的背後，其實有好幾股力量在推動歷史的發展，像是現代國家的出現、殖民政權的介入、資本主義的市場經濟等等，形塑出現代世界的面貌。這一切對南島語族而言，是親身感受的真實苦痛，而且和世界上其他受歐美殖民、奴役和剝削的種族一樣，都是人類近代史上最殘酷的歷史教訓。

相異的應變之道

更重要的是，原住民之間有很大的差異，尤其是不同族群擁有不同的親屬、宗教和政治社會體系。在近代以前，這種紛歧的情形其實是世界上許多地方常見的狀態。原住民各族群在面對外力時，也產生不同的適應方式。有些居住在平原的族群，與外界有比較密切的接觸，導致比較快失去原有的特性；有些在高山的族群則維持比較久的孤立。有的族群與外來族群或國家政權的衝突頻繁；有的族群選擇退避，或更主動學習與應對外界的變化。但不論抗爭或妥協、同化或維持本族特性，其間的因果關係非常複雜，無法用成功或失敗來評價。重要的是思考其中各種因素，嘗試了解原住民的處境，及其命運在世界近代史上的意義。

原住民的稱呼

在學術上，「土著」是學界用來指稱任何世居於當地的人群，這個名稱並沒有歧視的意涵，應用的範圍也不限於原住民。「南島語族」在學術上則有嚴格而複雜的意涵。至於「原住民」的稱呼，則是原住民的「自稱」。

台灣原住民分布圖

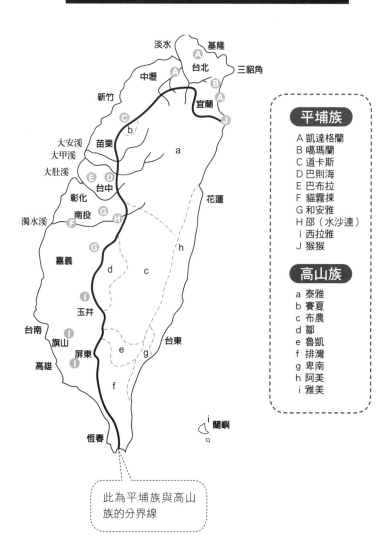

平埔族

A 凱達格蘭
B 噶瑪蘭
C 道卡斯
D 巴則海
E 巴布拉
F 貓霧捒
G 和安雅
H 邵（水沙連）
I 西拉雅
J 猴猴

高山族

a 泰雅
b 賽夏
c 布農
d 鄒
e 魯凱
f 排灣
g 卑南
h 阿美
i 雅美

此為平埔族與高山族的分界線

我們不清楚台灣的史前居民如何界定自己和稱呼別人，但外來的族群與政權，往往根據自己的標準去指認原住民。至於目前所知的這些知識性的分類和名稱，是二十世紀以來日本學者研究所得的成果。

中國歷史上的台灣

台灣是鄰近東亞大陸的島嶼，從交通條件的便利性來考量，台灣應該比較容易和中國文明有密切互動。但人類社會的發展卻有超出自然地理以外的因素，使得台灣在進入歷史時代以前，一直沒有加入以中國文明的要素而形成的東亞文化圈，也沒有加入向中國皇帝朝貢的國際外交體系。

七世紀以前疑似台灣的記載

中國文明在進入歷史時代後，發展的核心區在華北一帶，直到秦漢首度建立的帝國瓦解之後，割據南方的吳國政權為了抗衡北方勢力，才開始重視開發本地和海外貿易。此時記錄官方活動的歷史文獻第一次出現了疑似台灣的記載。當時的君主派遣軍隊前往「夷洲」，要求島上的人群歸順，並按照中國的外交模式進貢稱臣。但這項軍事行動卻無功而返，因為島上的族群並未凝聚成單一的民族或政治單位，所以沒有與中國形成政治隸屬的關係。等經過了三百多年，再度恢復中國統一的隋唐帝國，又有皇帝採取同樣的行動，也面臨同樣的結果。

之所以稱這兩次跨海軍事征討只是到達疑似為台灣的地方，主要是因為歷史文獻透露的資訊非常有限，沒有足夠的證據證明「夷洲」一定就是台灣。有人認為可能是指比台灣稍遠的琉球（沖繩），因為琉球的文明發展比台灣更快，而且也更早和中國王朝建立外交關係。因此中國皇帝所派遣的船隊究竟是抵達琉球？或是光臨台灣？至今仍然沒有答案。

十世紀以降台灣仍是化外之地

到了一千多年前，中國發展的重心向南方轉移，開拓海外貿易，對琉球和台灣的區別已經比較清楚。不過，台灣島上的人群仍處於沒有文字的史前時代，混合使用鐵器和石器，不同的部族也各自為政，因此在中國傳統的外交視野中，台灣乃是「化外之地」。一直到十五世紀，明代的鄭和進行大規模的海上遠航，台灣仍然沒有進入他的視野之中。

雖然台灣的住民與中國王朝只有偶然接觸，沒有政治上的隸屬關係，但不表示民間沒有交流。在一千年前，已經開始有漢人到澎湖群島拓殖，從事捕魚和採貝等活動，並在當地留下了超過數十處活動的遺跡。中國官方也派兵駐紮，將澎湖群島納入版圖，保護居民免於受到出沒海上的「異族」侵襲。也有商販到此活動，並前往台灣與原住民進行零星的小規模貿易。但當時台灣欠缺富於商業價值的大宗物產，因而一直孤立在亞洲繁盛的貿易網絡之外。

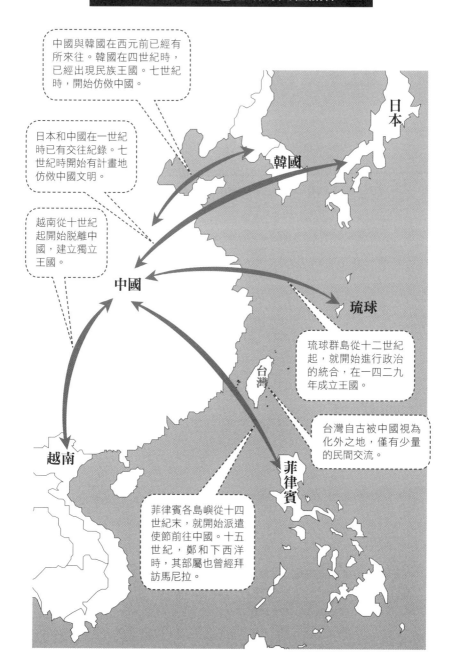

中國與東亞周邊地域的交往關係

中國與韓國在西元前已經有所來往。韓國在四世紀時，已經出現民族王國。七世紀時，開始仿傚中國。

日本和中國在一世紀時已有交往紀錄。七世紀時開始有計畫地仿傚中國文明。

越南從十世紀起開始脫離中國，建立獨立王國。

日本

韓國

中國

琉球

琉球群島從十二世紀起，就開始進行政治的統合，在一四二九年成立王國。

台灣

台灣自古被中國視為化外之地，僅有少量的民間交流。

越南

菲律賓

菲律賓各島嶼從十四世紀末，就開始派遣使節前往中國。十五世紀，鄭和下西洋時，其部屬也曾經拜訪馬尼拉。

第 3 章

近代初期的台灣

從中世紀以來，東亞各地的物產交流逐漸增加，海上活動日益頻繁。中國與日本的海盜、海商也在十六世紀建立起交易網絡。當歐洲發現新航路，殖民公司逐步來到遙遠的東方，四處尋找貿易的機會。到了十七世紀，荷蘭人經過一番摸索嘗試，終於落腳台灣，加入這個不以國家為單位、而以地域為範圍的貿易圈。此時的中國正經歷著明清政權的變動，戰火最後也波及到了台灣。這幾個歷史脈絡相互牽連，彼此影響，使得剛從史前時代進入文字歷史時代的台灣，首度出現統轄全島的政治組織。但不到一百年，政權兩度更迭，經濟也從原來的孤立，到成為東亞經貿圈中的一環，最後進入中國的貿易圈中。

學習重點

長久孤立的台灣如何逐漸為外界所知？
日本、荷蘭與西班牙為何先後出兵台灣？
荷蘭人如何統治台灣？
漢人移民如何在台工作與生活？
荷蘭人、漢人、原住民之間有哪些合作與衝突？
鄭氏家族如何將台灣捲入中國政權的變動？
台灣在東亞貿易網絡中位居什麼位置？

十六世紀的台灣

漁業是沿海居民主要的生計，尋找魚群正是漁民拓展海疆的動力。中國福建的漁民從明朝末年以來，便逐步向東拓展漁場，從澎湖來到台灣南部。有時漁民會登陸上岸，曬製烏魚，和原住民有所接觸並交換物品，漢人與原住民最早的交流便是從此開始。

海盜的巢穴

此時的台灣也是海盜的巢穴和走私貿易的會合地。因為明朝採行朝貢貿易的政策，禁止民間自由與外國商人接觸。加上日本處於戰國時代，許多戰敗流浪的武士向海外發展，接受中國沿海海盜和走私商人的領導，組成讓官方非常困擾的「倭寇」。明朝於是頒布海禁，嚴禁對日貿易，海盜和倭寇便潛逃到澎湖與台灣，以躲避官兵的追緝。

走私貿易的市場

幾世紀以來，中國、日本與東南亞間物產交流的需求逐漸增加，整個亞洲自成蓬勃發展的貿易網絡。初來東方的西歐殖民公司又渴求中國的絲綢和香料，使得已經習慣在航海貿易中謀生求利的沿海居民，更加不顧海禁，在東南沿海的島嶼進行走私交易。當明朝政府為防範日本而駐兵澎湖，走私商人的交易地點於是轉移到更遠的台灣。於是，從十六世紀起，漁人、海盜和走私商一一涉足台灣，對台灣的地理認識也日漸清晰。

西歐殖民公司的加入

當歐洲人發現新航路以後，葡萄牙人與西班牙人先後來到亞洲。幸運的葡萄牙人在中國沿岸的澳門建立根據地，居間代理中國與日本的貿易。西班牙人則從美洲的殖民地墨西哥橫渡太平洋，占領菲律賓的馬尼拉。當葡萄牙船追隨福建商人的蹤跡，從澳門北上日本、經過台灣海峽時，歐洲人第一次望見這個美麗的島嶼，但此時的葡萄牙人忙著和中國、日本進行交易，無暇留意台灣。至於西班牙人則從馬尼拉出發前往日本，在通過西太平洋的海域時，遠遠望見台灣東部聳

歷史現場

沒有法律可循的海權爭霸

在爭霸海洋的年代，西歐的殖民公司常選擇適當地點建置港口，目的是提供本國船隻休養補給，吸引商船前來交易，並且巡弋周遭海域，在海上攔劫對手的船隻，奪取貨品據為己有；或者阻撓中國船前往敵手的貿易港口，以打擊對方的商業利益。

立的山脈。因此在葡萄牙船北航日本、西班牙船往返於太平洋、中國船與日本船南下馬尼拉的航線上，

在當時的中國文獻與西洋海圖中，有關台灣的紀錄也漸漸增加。

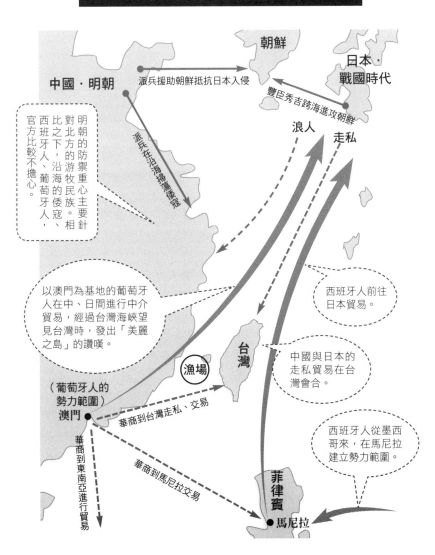

十六世紀東亞海域形勢

朝鮮

日本・戰國時代

中國・明朝

派兵援助朝鮮抵抗日本入侵

豐臣秀吉跨海進攻朝鮮

浪人　走私

派兵在沿海捕獲倭寇

明朝的防禦重心主要針對北方的游牧民族、沿海的倭寇，相比之下，西班牙人、葡萄牙人，官方比較不擔心。

以澳門為基地的葡萄牙人在中、日間進行中介貿易，經過台灣海峽望見台灣時，發出「美麗之島」的讚嘆。

西班牙人前往日本貿易。

漁場

台灣

中國與日本的走私貿易在台灣會合。

（葡萄牙人的勢力範圍）
澳門

華商到台灣走私、交易

西班牙人從墨西哥來，在馬尼拉建立勢力範圍。

華商到東南亞進行貿易

華商到馬尼拉交易

菲律賓

馬尼拉

海上勢力相爭下的台灣

最早是日本準備在台灣建立據點、擴充海外勢力；西班牙人因此大為緊張而想搶先一步。然而卻是荷蘭人後來居上，他們被明朝軍隊從澎湖趕出來後，率先在台灣建立穩定的根據地。

日本人三度叩門失敗

葡萄牙人和西班牙人雖然無法在中國公然經商，但在日本卻受到了比較好的待遇。他們為處於封建社會的日本帶來許多的改變，例如交戰的藩主因而獲得新式的武器，使得日本內部權勢的比重大為改觀，也增強向海外發展的動力。幕府將軍不但侵略朝鮮和琉球，並且出兵台灣，想取得發展的據點。但這時期限於航海技術以及對潮流風向的知識不足，許多海上的商船、戰艦經常遇風沈沒或漂流，未能抵達目的地。結果，日本的努力最後都沒有結果。

西班牙人搶占台灣北部

想來中國做生意的西歐殖民公司都希望能在中國沿岸取得據點，進行直接貿易，所以荷蘭人一開始的如意算盤是直接攻打獲准在澳門經商的葡萄牙人，一旦成功就能順勢接收既有的貿易網絡。但荷蘭人進攻失敗，於是退而求其次占領離中國較遠的澎湖，奴役當地的漢人為他們建築城堡。但從宋朝以降，澎湖已經是沿海漁民的漁場，官方更注意到該地是中國東南方的屏障。明朝於是派遣大軍擊敗荷蘭人，逼迫他們拆毀城堡。後來在華人海商的斡旋下，官方同意不過問荷蘭人在更遙遠的台灣建立根據地。

荷蘭人意外落腳台灣南部

早在日本有意向海外擴張時，不但引起明朝重視澎湖的海防，西班牙人也想占領台灣加以牽制，但沒想到荷蘭人卻在一六二四年捷足先登，占領台灣南部。兩年之後，西班牙人不甘示弱，派兵占領北部，雙方分庭抗禮，展開長達十六年的對峙，施展各種謀略想要驅逐對方。最後，西班牙人基於各種因

歷史現場

北台灣熱絡的商業活動

從十六、十七世紀以來，台灣北部就已經是重要的交易港口和國際貿易活絡的地方。不但西班牙人、漢人和日本人前來做生意，當地的原住民馬賽人更憑藉近海航行的技能、卓越的語言和計算能力，在北海岸各地的原住民與海外商人之間，擔任商業活動的中間人。

素無意長期經營，而由荷蘭人取而代之。這個結果不只是兩國的消長成敗，更牽動台灣往後兩百多年、南部發展一枝獨秀的趨勢。

十七世紀東亞海域形勢

日本

三度入侵台灣無功而返

荷蘭人以槍炮優勢，壓制台灣的原住民。傳教士則教授原住民使用文字。

中國‧明朝

中國

澎湖

台灣

雞籠（今基隆）

大員（今台南安平）

西班牙人占領北台灣

許多商人來北台灣採購硫磺，輸出到當時發生戰事的中國和日本。

（葡萄牙人的據點）澳門

荷蘭人進攻澎湖遭擊退，隨後強占澎湖

荷蘭人進攻大員

菲律賓

進攻失敗

巴達維亞（今雅加達）（荷蘭人的亞洲總部）

馬尼拉（西班牙人的據點）

53

荷蘭人的擴張與統治

荷蘭人入台最初十年，一切都不順利，不但與中國的貿易因沿海海盜混戰而閉塞，還和日本發生嚴重的貿易糾紛。西班牙人更登陸基隆，在北部相互較勁。等到這些問題逐漸解決，荷蘭人也開始向台灣全島擴張，向原住民展開長達十年的軍事征伐。

荷蘭人征服全島

荷蘭人最先征討南部附近的原住民，而後向全島各地出兵，還前往東部尋找傳說中的金礦；等到西班牙人從基隆撤退、荷蘭人接管城堡之後，更派兵南下，打通台灣南北的通路，統治範圍涵蓋台灣的平原地帶。雖然荷蘭人的統治中心在台灣南部，對中部、北部和東部的控制力較為薄弱，但已經能掌握到三百多個部落的人口統計資料。

荷蘭人的政令體系

荷蘭對台灣的統治乃是交由該國的聯合東印度公司來實施。該公司的董事會是最高的決策單位；位在巴達維亞的亞洲總部則決定大多數的政策；大員商館是在台的執行機關，對台灣情勢有較深刻的認識。三個單位經常通信，討論統治的最佳策略；有時彼此反覆爭論，長達數年之久。這是因為公司的最

高目標是獲利，但也要求盡可能合法合理。畢竟良好的統治，才能保障商業利益，荷蘭人因而能統治台灣長達三十八年。

荷蘭人的雙元統治

十七世紀的台灣，原住民是社會上的多數人口，但來台謀生的漢人也逐漸增加。因為兩個族群間有著明顯差異，公司也分別採取不同的統治策略。像是漢人已經擁有自己的文字符號和深厚的傳統文化，公司於是透過文字公告來傳達政令，也不向漢人傳教。加上漢人的故國就在對岸，公司有所顧忌，因而限制漢人擁有槍械。公司與漢人的統治關係接近現代國家的統治型態，主要是維持治安、提供公共服務、創造就業環境，再向漢人徵稅以維持收支平衡，並擴大公司的商業利益。但公司對原住民的做法剛好相反，為了適應原住民的政治

型態，引進歐洲封建時代的政治制度，與原住民締結協約，要求他們效忠歸順，並且透過見面接觸和口頭溝通來傳達統治的權威。

荷蘭人在台的統治機構與設施

荷蘭
（尼德蘭聯省共和國）
•••••• 荷蘭信奉新教的喀爾文教派，和信奉天主教的宗主國西班牙，在主權、宗教與貿易利益有許多衝突，雙方不但在歐陸發生衝突，殖民公司也在海外較勁。

聯合東印度公司
荷蘭經略亞洲
的全權代理人
•••••• 荷蘭信奉新教的喀爾文教派，和信奉天主教的宗主國西班牙，在主權、宗教與貿易利益有許多衝突，雙方不但在歐陸發生衝突，殖民公司也在海外較勁。

公司決策機關
位於阿姆斯特丹，
設十七人董事會
•••••• 獲得母國充分授權，壟斷亞洲地區的貿易特權；而且為了在競爭中即時反應，可以宣戰、媾和、簽訂條約，進行殖民統治和徵稅，等於是個政權機關。

公司亞洲總部
位於巴達維亞（今雅加達），設亞洲總督
•••••• 目的是和西班牙、葡萄牙人的勢力競爭，擴展各地方的貿易。

台灣統治中心：大員商館

台灣長官
公司派遣，
執行評議會決策

評議長
評議會選出，
協助行政

大員評議會（台灣的決策機關）
由台灣行政長官、商務員、軍隊首領、艦隊司令等人組成

教會評議會

統治機關
設有艦隊、法院、監獄、政務員、稅務官、軍官和士兵等

公共設施
設有宿舍、醫院、市場、馬廄、倉庫、羊圈、孤兒院等

教會成員
設有教堂、牧師、學校教員、疾病宣慰使等

獲取商業利益、保持武力優勢，建立社會秩序

提供生活機能

主持宗教儀式、輔助行政、傳教

荷蘭人與原住民的關係

荷蘭人付出許多的心力，企圖讓處於「未開化」狀態的原住民認識公司的政治權威。傳教士則有時協助公司推行政令，有時借助公司的權威來推動信仰。有些富於理想的傳教士，甚至將傳教任務與原住民權益，置於公司利益之上，而引起爭執。

封建型態的統治關係

　　數千年來，南島語族在台灣島上擁有自己的生活世界，除了部分善於航海的族群與菲律賓有往來，偶爾還有日本人與漢人來到沿海和內河，進行捕魚和交易，除此之外，台灣就是他們全部的世界。當荷蘭東印度公司在大員（今台南安平）建立據點，原住民真的能夠了解地球的另一端有個歐洲國家叫荷蘭，而大員商館的長官其實是向公司領取薪水的職員嗎？當時原住民所認知的「荷蘭東印度公司」，不但與漢人的了解有所歧異，也和公司成員的自我定位非常不同。原住民可能是以自己原有部落間彼此來往的經驗與觀念，來容納這個新出現的「異族」。

　　為了適應原住民的思想觀念與既有的政治型態，公司引進歐洲封建時代的辦法，與原住民締約，建立「領主」與「封臣」的關係，交換彼此效忠與保護的義務，來確認雙方的政治地位。在當時荷蘭人建立起的威權並不算小，有能力「動員」大多數的村社首領到各指定地點，出席「地方會議」，接受公司直接傳達政令。只有少數離公司統治中心較遠、地方勢力較強大的部族，才敢採取敷衍應付的態度。

　　公司用了許多心思讓原住民感受到公司的權威。比如在地方會議中舉行盛大儀式，用禮炮和豐盛的宴會來震懾原住民的感官。另外還用刻著公司符號的權杖來代表統治權，要求村社首領必須獲得權杖，才算得到公司的認可。這種政治關係的締結是以具體的個人為核心，經常透過長官與村社首領的直接接觸來完成，比如面對面相見、口頭的勸喻和身體的接觸等。而且每次大員商館的新舊長官交接，都會召集村社首領，舉行「儀式」重新頒授權杖，讓村社首領「認識」新的「領主」。

基督信仰的傳布與影響

　　歐洲國家海外殖民的腳步經常伴隨基督教會的祈禱聲。雖然基督教的傳播有助於穩定統治，但宗教並不只是政治的工具而已。這是因為歐洲人救贖靈魂的信仰，和賺錢的動機一樣強烈，而且有時教會反而能發揮制衡殖民統治的力量。

荷蘭人在台採取溫和的傳教方式，學習原住民的語言，設置學校教育兒童，並配合原住民的心智編寫教材。部分優秀的傳教士還有很高的熱忱和長期耕耘的計畫。有時他們還為此和公司發生爭執，抱怨當局的行政工作負擔太大，減少他們傳布信仰的時間。傳教士也比較能夠體會原住民的處境，注意到原住民與漢人交易時常吃虧受害。他們希望取消由漢商居間中介的做法，改由原住民直接與荷蘭人交易。

傳教士在文化層面有更深遠的影響。因為傳教士教授新港社（位在今台南縣新市鄉）的原住民用拉丁文字母拼寫自己的語言，因而成為台灣南島語族使用文字的起點，並持續使用至少一百五十年。直到清代中葉，我們仍可發現原住民族群用拉丁字母拼寫新港語的土地契約文書。

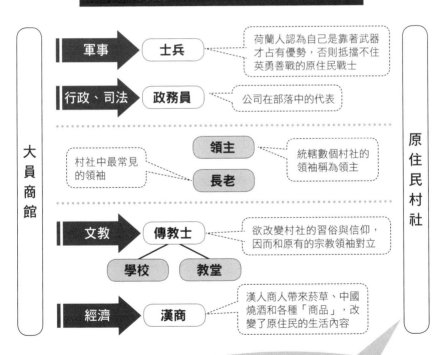

荷蘭人統治原住民的方式

軍事 ➤ 士兵 — 荷蘭人認為自己是靠著武器才占有優勢，否則抵擋不住英勇善戰的原住民戰士

行政、司法 ➤ 政務員 — 公司在部落中的代表

領主 — 統轄數個村社的領袖稱為領主

村社中最常見的領袖 — **長老**

文教 ➤ 傳教士 — 欲改變村社的習俗與信仰，因而和原有的宗教領袖對立

學校　教堂

經濟 ➤ 漢商 — 漢人商人帶來菸草、中國燒酒和各種「商品」，改變了原住民的生活內容

大員商館　　原住民村社

※荷蘭人編制部落的人口調查表，在1650年的紀錄高峰是315村、15,249戶、62,657人

57

漢人移民及其經濟活動

從荷蘭時代以降，漢人移民逐漸前來台灣開墾土地。台灣雖然是農業的新開發區，卻在東印度公司與華商的經營下，農業生產與市場經濟充分結合，呈現出殖民地經濟的特色。

漢人移民的消長

荷蘭人本來有意發展台灣成為東亞的轉口貿易港，但在發現台灣的農業潛力後，轉而以殖民領地的模式來經營台灣，透過僱傭勞動的方式，召募更多漢人移民來台，從事各項建設與生產工作，這些工人不但願意接受廉價工資，而且工作認真；比起畜養和管理奴隸的花費，來得更便宜。

儘管漢人移民日益增加，但此時的台灣仍非漢人久居之處，兩岸的人口移動相當頻繁。這種現象與生產的季節有關，比如春耕秋收需要較多的勞工；另外，定期的魚汛、開放獵鹿的時間以及採收甘蔗製糖時，來台的漢人人數便會增加。但由於台灣屬於新開發地區，生活條件不佳，大多數男子不是未婚來台，就是將妻小家眷留在對岸，造成男女比例極度不均，達九比一的比例。男子往往逢年過節才返鄉探親或成婚，工作所得的金錢也都一一寄回家鄉。

人口流動的現象也常是政治情勢波動的結果。當鄭成功入據台灣，即命令所屬官兵從對岸搬移家眷來台定居，一方面藉此穩定軍心，一方面增加人力開墾土地。清廷為了反制鄭成功，頒令要求沿海居民向內陸遷徙，結果造成許多人家業破敗，反而渡海來台，促成另一波漢人大規模的遷徙，至此台灣的漢人人口已約在十五至二十萬人之間。

土地開墾與米糖生產

由於荷蘭逐漸擴大殖民地的規模，來台漢人所從事的工作非常多樣化，除農漁業、營造業和商業外，從荷蘭所課徵的各種賦稅可以看出大員的生活機能日趨完整，但經濟上最主要的生產還是稻米和蔗糖。

荷蘭人並不親手經理種植稻米和甘蔗的事業，由於開闢荒野，必須先投資而後才能回收，一般農民無力負擔。因此荷蘭人提供優惠條件，鼓勵大商人或小地主投資農場，由他們來管理雇工和佃農。並在發生危機影響獲利時，伸出援手，幫助農場主人渡過難關。

稻米雖然是糧食作物，主要供應在台人口食用。然而福建廣東地

狹人稠，糧食供應不足，出口稻米到對岸，反而能以高價出售獲利，稻米於是成為換取現金的經濟作物。農場經營者往往在水稻與甘蔗之間，依市場價格的高低選擇種植獲利較高的作物。

荷蘭人將生產的稻米任由漢人自行販賣，蔗糖則全數收購外銷。但由於米糖產業的生產、銷售，都和市場經濟緊密掛勾，因此不只傳統農業的生態風險，如歉收、蝗災、風災等足以產生危害，投資農場的商人還要負擔價格漲落、資金調度、生產過剩的商業風險，雇工不免有失業和薪資調降的危機，這些情況都使得漢人生活與社會陷於不安。荷蘭時代最大規模的一場漢人農民叛亂，可能和當時米糖產業因價格波動造成嚴重失業而引起的社會不安有關。

荷蘭時期漢人需繳納的稅賦

關稅　公司向來台的船隻課徵關稅，提升公司自有船隻的優勢。

魚稅　漁民繳納部分漁獲給公司，請他們派船隻巡航，避免海盜掠奪。

人頭稅　公司認為漢人在台獲得不少福利，於是向七歲以上的男女徵稅。

狩獵稅　由於鹿製品的利潤非常高，公司透過牧師來販售執照，並加以管制。

稻作稅權　公司測量土地後，開放商人投標承包收稅。農人也會故意隱匿收穫。

屠豬稅權　公司要求承包宰豬稅的商人必須以穩定價格供應豬肉、豬油。

薪炭稅權　公司要求商人必須以穩定價格供應在台居民柴火取暖和煮食。

衡量稅權　公司設立度量衡所，由商人經營，要求他們公平秤重以解決爭端。

公司開徵的稅項很多，除了增加利潤之外，還有資源管理的用意，包括市場營業、釀酒、進口鹽、舢板運輸、採蚵、製磚以及種植藍靛等等。

荷蘭人、漢人與原住民的合作與衝突

在荷蘭時代，大員商館一度成為公司僅次於日本、最賺錢的貿易站。與荷蘭人密切合作、接受招商來台投資的華商，經常同時投資多種事業，獲利良多。至於普通的漢人移民，他們離開謀生不易的家鄉，在台灣找到工作機會，努力將積蓄寄回家鄉。

荷蘭人與華商的合作：包稅制

在經濟一片繁榮的背後，荷蘭人開創出適合生活與工作的環境，發揮了正面的作用，像是追捕海盜，保護漁民安全；與原住民維持和平關係，保障漢人開墾不受阻礙。荷蘭人奠定法制秩序和土地產權制度，並在台灣南部建設道路、橋樑和醫院等。由於各種支出逐漸增加，因此荷蘭人開始向漢人課徵賦稅，扮演起政府的角色。

然而如何徵稅卻是個難題，荷蘭人於是採用「包稅制」的辦法，交由商人估算盈虧，再向荷蘭人投標承包特定稅項或區域的賦稅，或獨占資源的開發與供應。這種競標方法讓荷蘭人將利潤最大化，降低行政成本，而將風險與不滿轉嫁給華商。尤其當包稅制運用在原住民部落時，更是產生極大的弊病。

包稅制對原住民的損害：贌社

由於荷蘭人視原住民為「封臣」，所以不向他們徵稅；甚至基於外人的「偏見」，以為原住民生活「貧困」，取消了象徵效忠的納貢。加上公司在轉口貿易中已經賺很多

錢，中國的勞動者又便宜，所以不需要再役使原住民。然而，大員商館不願原住民經濟負擔過重的用心，卻因為採行「贌社」的政策，全盤破壞了原住民村社的經濟。

「贌社」是包稅制的一種，由荷蘭人將在各村社與原住民交易的專利權，開放讓漢人競標，由投標價最高者獲得。標得稅權的漢商，可以獨占進入原住民部落交易的權利。在荷蘭人之前，漢人與日本人早已來台與原住民交易鹿皮和鹿肉。過去的交易由於是多人競爭，市場供需法則能夠調節鹿製品的價格，但採行「贌社」後，競標的漢人為了得標，必須將投標價格推高，並且壓低向原住民收購的價格，以擴大兩者間的價差來獲利，造成原住民必須付出更多代價，才能獲得與以前同樣的貨品。這個制度加重原住民的經濟負擔，造成漢人與原住民的衝突，也引起公司內部的爭論，最後卻沒有提出完善的解決辦法。

漢人與原住民的合作和敵對

荷蘭人以統治者的身分占領台

灣，改變了漢人與原住民原本的關係。過去習慣與原住民自由交易的漢人不願受政治權威控管，乃屢次鼓動原住民聯手抵制荷蘭人統治。荷蘭人則以武力鎮壓，驅逐不合作的漢人，這些漢人便深入更偏遠的地區，號召原住民抵抗荷蘭人的侵逼。荷蘭人則出兵征討，進而擴大統治區域，招攬更多願意合作的新移民來台。

　　儘管荷蘭人的統治相當成功，但漢人還是曾經發動叛亂，原因可能是荷蘭人的賦稅超過漢人的負擔、或是追查逃漏稅的方法過於擾民。這場主要由鄉間貧困農民發起的叛亂，由於沒有外援，內部也欠缺組織，反叛的漢人沒幾天就遭到荷蘭人的血腥鎮壓。荷蘭人以優勢的火槍輕易擊潰漢人的陣形，但大規模的屠殺工作則交給原住民來執行，讓原住民發洩對漢人在他們的生活空間裡伐木狩獵、開墾農田所引發的憤恨。

荷蘭時代的政治結構

荷蘭人
總數在一千人左右。小部分是公司的管理階層，大部分是艦隊水手和駐紮各地的士兵。

華商
大約數十人。來台經商投資，協助荷蘭人處理商務。雙方的關係密切，也常有糾紛。

華商動員漢人農工進行生產，率領漢人進入原住民部落獵捕和交易。

原住民
已知人口超過六萬人。女子進行農耕，男子以打獵為生，而且善於作戰。

漢人移民
住在鄉間，付出勞力從事耕種、捕魚、獵鹿等各種生計。逐漸增加到三萬多人。

鄭氏家族與台灣

東亞海域上的華人勢力，從海盜和走私貿易，逐漸發展成為中、日和歐洲殖民公司之間的中間商。鄭氏王朝的出現，是華商勢力壯大的標誌，也是對歐洲人加入東亞經濟圈的回應，更改變了台灣、中國的歷史。

明清政權的交替

十七世紀的中國正當明清政權的交替，政治的變局也逐漸影響到台灣。在荷蘭人入據台灣不久後，明朝的末代皇帝繼位，此時滿洲人已經崛起於東北，對明朝施以強大的國防壓力。華北各地則因民生困苦，發生流民反亂，最後在內外交逼的情勢下，滿洲人攻進北京。明朝皇室流亡到江南，企圖穩住陣腳，與滿洲抗衡。江南的士紳地主紛紛響應流亡的「南明」朝廷，可是反清陣營內部無法團結一致，最後都被清兵逐一消滅，台灣也逐漸捲入這場政權替換的對抗中。

鄭芝龍的崛起

在抗清的陣營中，代表東南海上勢力的人是鄭芝龍。早年只是個小角色的鄭芝龍，曾在台灣為荷蘭人服務，而後才投身於海盜生涯，以台灣為巢穴騷擾對岸。他在接受官方招撫後，勢力逐漸擴大，率領鄭氏宗族與其他泉州的閩南人，進行各種複雜的謀略和海戰，擊敗過去以廈門為中心的漳州人勢力，成為華人海商的霸主，建立東亞海洋世界的秩序。他與荷蘭人合作，為他們採購中國貨品，並招募漢人移民，主導中國與台灣之間船隻的通航。但最後他趁著荷蘭人與葡萄牙人在日本相爭不下的機會，成功打入日本市場，並全力擴充自己的貿易事業，使得荷蘭人在台灣的生意一落千丈。

鄭芝龍的成就，不僅是因為運氣、個人才能與交涉的手腕，更是華人海上勢力發展的結果。然而，鄭芝龍卻轉向陸地發展，購買大筆土地，變身成為地主，投身官場。最後，他為了維護在陸地上的利益，只好向清朝投降，以鄭氏為首的海上勢力也產生了裂痕。

鄭成功渡台

鄭芝龍投降清朝後，他的兒子鄭成功則領導鄭氏家族和閩海商人，繼續航海貿易與反清事業。這位改變台灣歷史的人物，內心非常複雜。他有一半的日本血統，幼年也在日本長大，直到七歲才回國接受儒家教育，並且受到南明皇帝的賞識。然而當他的父親投降清朝，母親卻死於清兵的手中，複雜的國

仇家恨交織在他嚴厲的性格中。鄭成功選擇與父親走上不同的政治道路，一方面護衛東南海商的利益，一方面憑藉海上貿易所獲得的資源，供養軍隊，控制中國東南沿海的狹長地帶，加入陸上政權的爭鬥。他的勢力全盛時，曾以數千艘船艦、數十萬兵眾圍攻南京與清兵對峙。

然而，這場戰役因為糧食不足失敗，鄭成功轉而攻取台灣，想要建立後勤基地繼續反清復明。他圍困在台灣的荷蘭人，擊潰從巴達維亞來的援軍，結束了荷蘭對台的統治。不過，他登陸後才發現台灣的糧食有限，只好一方面派遣軍隊開墾土地，一方面考慮攻取菲律賓以獲得更多的米糧。不過，這些計畫都隨著他倉促病死而結束。

鄭經的兩面作戰

鄭成功死後，他的兒子鄭經繼續以金門、廈門為據點，不斷與清朝作戰。台灣的建設則留給手下負責。鄭氏三代在台所開墾的土地，是以荷治時期的台南一帶為基礎向外稍微擴大。因為鄭氏王朝始終有意經略大陸，維持軍隊的糧食供應乃是首要之務，因此調派許多士兵去開墾土地。過去以砂糖外銷為主的生產此時也有所轉變，稻穀的比重日漸增加，開始超過甘蔗。但與荷蘭人不同的是，鄭氏軍隊因為缺糧而向原住民徵收食物，在各地引發了嚴重的衝突。不僅鄭軍死傷慘重，反抗的原住民也在鄭軍強力鎮壓之下，勢力大受打擊。

鄭經與清朝打打停停，雙方也曾經多次和談，但還是因為條件談不攏而告吹。另一方面，荷蘭人為報復失去台灣的損失，乃三度派遣大規模的艦隊，與清朝聯手將鄭經逐出福建的前哨站；並趁機攻入台灣北部，占領基隆達四年之久，最後因無利可圖才離去。而鄭經始終沒有放棄進軍大陸的雄心，他趁清朝內亂，藉機擴大自己的勢力地盤，但最後還是退回台灣。

歷史現場

鄭氏王朝的盜幫性格

鄭氏王朝其實是以鄭氏家族為首、閩海商人為主體，基於各自利益結合而成的集團。由於鄭氏集團本身具有盜幫的性格，每次繼承人的交替都發生嚴重的內鬥，集團內部經常爆發軍事衝突與反叛，進而嚴重削弱集團的實力。

鄭氏王朝發展及人物關係

中國政權	閩海商人與鄭氏家族	西歐殖民公司

李旦

明朝官員		荷蘭東印度公司
堅守澎湖領土		在大員建立商館

他是在日本經營中、日貿易的大商人。鄭芝龍曾經在他手下做事。當荷蘭人被明軍逐出澎湖後，曾協調雙方，讓官方同意不過問荷蘭人占據大員。

李旦病死後，各方海盜勢力混戰多年。
鄭芝龍最後脫穎而出，一統華人海上勢力。

鄭芝龍

南明		
清朝		大員商館
周旋於明清政權之間		從合作走向競爭

鄭芝龍起先贊助南明朝廷，後來投降清朝，最後在北京被處死。

鄭芝龍自行擴大中、日貿易，與荷蘭人的關係從合作走向競爭。

鄭芝龍、鄭成功父子走上不同的政治道路。
鄭成功繼續率領海商勢力，投入陸上政權的爭奪戰中。

鄭成功

南明		
清朝		荷蘭東印度公司
南京攻防戰		台灣爭奪戰

鄭成功以東南沿海為基地、海外貿易為後盾，一度率兵圍攻南京，但失敗。由於長久作戰需要米糧，他轉而攻取台灣。清朝則以海禁、「遷界」等辦法，企圖封鎖鄭成功的貿易管道。

鄭氏家族與荷蘭人的貿易衝突加劇，鄭成功一度對台灣實施海禁，後來更因為南京戰事不利，而調兵進攻台灣。荷蘭人在台經營多年的心血被鄭成功奪走後，伺機尋找機會報復。

鄭成功攻取台灣後不到一年，在國事與家事煩擾不堪的情況下病死。
鄭氏家族的領導人由鄭經接替，並在海陸兩方面繼續與滿清、荷蘭人周旋。

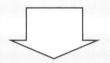

| 清朝 | **鄭經** | 荷蘭東印度公司 |

| 雙方打打談談 | | 占領基隆 |

海戰優勢不足的清廷不斷嘗試招降、或提議雙方保持和平，終無結果。鄭經趁清朝發生內亂時攻入中國東南，但發展有限，最後退回台灣。

荷蘭人為報復鄭氏家族，主動派兵協助清朝，奪回鄭經在金門和廈門的根據地，並且占領基隆，但後來還是退出。

英國東印度公司

鄭經積極招攬英國東印度公司來台設立商館，輸入武器彈藥以支援他在大陸的軍事作戰。

鄭經從大陸返台後，隨即病死。
鄭氏集團內部再度爆發繼承人的爭奪，使得集團的勢力大受打擊。

| 清朝 | **鄭克塽** |

| 進攻台灣 |

清廷趁平定內亂獲勝的軍威，起用出身自鄭氏家族的施琅，率領大軍出海攻打台灣，解決外患。

中國政權首度將台灣本島納入版圖

閩南商人獨霸海上的時代結束

歐洲殖民國家的勢力交替，發展重心有所轉移

台灣轉口貿易興衰的關鍵

統治台灣的荷蘭人對於中國的風俗民情非常陌生，完全無法發揮歐洲經商的成功經驗。使得荷蘭人吃盡一切苦頭，嘗試各種方法想和中國直接貿易，但全都失敗。最後鄭芝龍成為海上霸主，建立海上秩序，華商才前來台灣，提供源源不絕、量多質精的貨品，台灣逐漸成為轉口貿易的要地。

鄭氏家族的海權

荷蘭治台期間，台灣繁榮的盛況其實與握有海權的鄭氏家族息息相關。因為當鄭芝龍與鄭成功的貿易規模日漸擴大，自行與日本通商，他們不僅減少供給荷蘭人的貨源，甚至對台灣實行海禁，禁止海商來台做生意。所以，荷蘭人被迫轉而重視輸出本地生產的蔗糖，使得台灣成為混合轉口貿易與農業生產的基地。

中國貿易政策的轉向

當明鄭投降之後，國際貿易情勢產生重大轉變。康熙皇帝逐步放寬海禁，允許人民遷回沿海居住謀生和出海販運；並且開放貿易，允許外商直接進入廣州設立商館，無需在第三地進行轉口貿易。在台經商的華商，則被清廷強制遷回大陸。此時，中國的沿海貿易不再由閩南商人獨霸。崛起的浙江商，從華中的港口直接北上日本；福建、廣東的海商則自廈門和廣州駛向東南亞。這兩條航線分別從台灣島緣滑過，台灣的貿易對象逐漸集中到兩岸之間。

世界潮流的變化

在大陸政權的波動底定之後，世界的局勢也發生了一些變化。日本德川幕府建立起穩固的體制，專注在內部的發展，開始了鎖國時代。另一方面，歐洲國家面臨歐洲內部的歷史變遷，殖民與貿易重心也轉移到美洲、非洲和南亞的殖民地，暫時放鬆東亞的市場。隨著明清政權交替完成，台灣被納入清朝版圖，台灣的歷史也走向了另一階段。

歷史現場

以四海為家的華人海商

十七世紀縱橫海上的華人海商，以四海為家，不僅從事貿易，也進行掠奪。他們了解各地的民情風俗，也懂得當時國際通商所用的葡萄牙語；他們在各大港口置產，與異國女子通婚。為了航行平安順利，也會向耶穌基督祈求庇祐；因為長期與西歐殖民公司做生意，他們逐漸具備組織手工業代工生產的能力，能夠接受指定貨物款式的訂單，再組織內地的工匠進行生產，已經具有現代企業主的雛型。

十七世紀台灣轉口與出口貿易

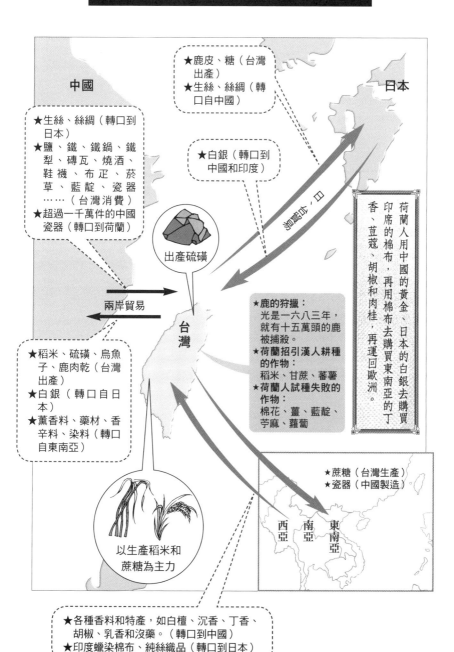

中國

日本

★鹿皮、糖（台灣出產）
★生絲、絲綢（轉口自中國）

★生絲、絲綢（轉口到日本）
★鹽、鐵、鐵鍋、鐵犁、磚瓦、燒酒、鞋襪、布疋、菸草、藍靛、瓷器……（台灣消費）
★超過一千萬件的中國瓷器（轉口到荷蘭）

★白銀（轉口到中國和印度）

出產硫磺

兩岸貿易

台灣

★稻米、硫磺、烏魚子、鹿肉乾（台灣出產）
★白銀（轉口自日本）
★薰香料、藥材、香辛料、染料（轉口自東南亞）

★鹿的狩獵：光是一六八三年，就有十五萬頭的鹿被捕殺。
★荷蘭招引漢人耕種的作物：稻米、甘蔗、蕃薯
★荷蘭人試種失敗的作物：棉花、薑、藍靛、苧麻、蘿蔔

荷蘭人用中國的黃金、日本的白銀去購買印席的棉布，再用棉布去購買東南亞的丁香、荳蔻、胡椒和肉桂，再運回歐洲。

★蔗糖（台灣生產）
★瓷器（中國製造）

西亞　南亞　東南亞

以生產稻米和蔗糖為主力

★各種香料和特產，如白檀、沉香、丁香、胡椒、乳香和沒藥。（轉口到中國）
★印度蠟染棉布、純絲織品（轉口到日本）

第 4 章

滿清政權的統治

來自滿洲的女真人在十七世紀入主中國，先後整併雲南和台灣等明朝的舊勢力，並且抵抗俄國的擴張，確立黑龍江流域的領土；到了十八世紀更出兵蒙古、新疆和西藏等地，將其納入藩屬體制中。在這個龐大的帝國裡，台灣因為地處邊緣地帶，不但成為大批漢移民的目標，更因此發展出和內地不同的政治與社會型態，除了官府統治台灣的方針和其他地區相異，漢人和世居的原住民也在交流、衝突與融合後，形成與原鄉有別的社會。到了十九世紀中葉，歐美國家大舉向東亞擴張，清帝國的邊疆正是各國覬覦的對象，離島台灣也成為列強爭奪的目標。

學習重點

清廷為何曾經打算放棄統治台灣？
移民渡海來台要經歷多少風險？
清代的士兵和現在的軍人有何不同？
地方官員面臨哪些統治的難題？
原住民如何喪失土地？
一般台民重視科舉考試嗎？
清廷為何在晚清時開始重視台灣？

滿清王朝的治台政策

清廷從打算放棄到決定統治台灣，國防安全是最關鍵的考量，因此在行政與軍事制度上做出許多特殊的安排以維持統治的穩固，卻沒想到反而造成深遠的禍患。清廷同時也比照內地的措施，迅速在台灣推行科舉考試，藉以增強台民菁英對中央政權的向心力，但對基層的庶民來說，皇帝終究是太遙遠了。

中國政權首度統治台灣

滿清征服中國，得力於投降的漢人將領甚多，清廷因而分封中國的東南與西南地區給他們做獎賞，並成為帝國的屏障。後來這些將領發動叛亂，據守台灣的鄭經也出兵參戰，可是出師不利，最後還是撤軍返台。在他去世之後，鄭氏集團隨即爆發繼承內鬥，因而元氣大傷。清朝挾著平定內亂的軍威，趁機派遣施琅進攻台灣。鄭氏部將選擇在澎湖進行海戰，結果卻慘敗，駐守本島的將兵也決定投降，施琅因而循著當年鄭成功入台的路線，順利登陸。

來自滿洲的滿族人是個騎馬打仗的民族，對中國東南的海洋世界缺乏認識，也毫無興趣；征服台灣只是為了消滅敵對的政治勢力，並無開疆拓土的雄心。清廷接受明鄭請降之後，反而考慮是否要放棄這個隔海的離島？因為保留台灣，必須駐紮大批軍隊防制反叛，龐大的軍費讓清廷猶豫再三，但出身鄭氏集團、深明海洋形勢的施琅力主保留。他警告清廷，荷蘭人可能捲土重來；要不然，台灣會再度成為海

盜的巢穴，遲早成為帝國的隱憂。康熙皇帝於是決定將台灣納入版圖。

以穩定秩序為最高原則

清廷在國防的考量下決定統治台灣，態度因而充滿了猜忌與防範。由於台灣曾經是明鄭抗清的所在地，所以清廷並不起用本地人擔任駐軍，而從福建調兵來台。為了鞏固統治，清廷賦予領軍的武官「總兵」擁有高於文官的權限；可是又怕總兵據地稱王，所以命令文官首長加以監視，造成文官與武官相互抵制與衝突，反而嚴重影響台灣的施政。加上台灣隸屬於福建省，必須接受上級管轄，而非擁有自主權限的行政單位，兩岸隔海聯繫的不便更造成行政與監察效能的低落。

因此清廷統治台灣是以安定為最高原則，不急於向外擴張邊界。在十七世紀末，漢人仍集中在今日台南一帶。隨著漢人拓墾的腳步日益外移，官方在衡量稅收、治安與戰略的得失之後，彈性地設置行政中心。然而，在清朝統治期間，中

央山脈沿線以及今日花蓮、台東等漢人行跡罕至之處，清廷始終沒有建立完全的控制，所以才在晚清引起日本和西方列強的覬覦。

清代台灣政令傳達的體系

皇帝

中央政府

軍事系統　　　　行政系統　　　　監察系統

兵部（軍政）　　吏部（行政）　　巡台御史（後來廢止）

省級政府

福州將軍　　　　閩浙總督　　　　福建巡撫

陸路提督

水師提督

台灣隸屬福建省，為其下級行政區

左列省級長官按規定輪流赴台巡視。但因渡海來台風險高，並不定期。偶一來台，地方官往往臨時張羅、虛應故事。

地方政府

台灣「鎮」一總兵（最高軍事指揮官）

分巡台廈道一道台（最高行政長官）

台灣府一知府（民政）

綠營

縣　　廳

清代台灣的行政區（府、縣、廳）總共調整過三次，前兩次都在內部動亂後才進行，第三次則是受到晚清外患的壓力。

71

漢族移民人口的增長

當台灣納入清朝統治，許多漢人冒險求生，踏上這塊新的土地。經過兩百多年，漢人移民和原住民通婚繁衍，孕育後代，漢人成長為台灣社會中最大的族群，平原地帶的原住民則消逝或融混在其中，但漢人在血統與文化上都已經不是當初來台的原貌了。

官民的拉鋸戰─限渡與偷渡

清廷視台灣為國防重地，採取各種防範措施來封禁台灣。不但嚴格把關，限制漢人移民赴台，還將島上的移民與原住民區隔開來，約束漢人的擴張。一切政策以減少動亂、維持治安為首要目標。官方不鼓勵移民和開墾的態度，對漢人移民來說，或許可以批評為保守消極；但對原住民而言，未嘗沒有保護的作用。

儘管清廷嚴格限制移民，但由於台灣是新開發區，荒地多、地價低、工作機會多、工資高，在官府管轄不到的地方，更方便進行非法投機的冒險事業。與內地相比，謀生相當容易，企圖心強的人很容易在台灣發達致富。所以官方的懲罰雖然嚴厲，但沿海居民仍舊犯禁偷渡，程度嚴重到偷渡被捕的人數，比官方核准移民的數目還要多。

渡海的風險

渡海來台其實要面臨各種自然與人為的風險，移民的旅程更充滿未知數。雖然海峽不特別寬闊，但由於海流、季風與颱風等因素，許多船隻常在澎湖外海沉沒，尤其是色澤深沉的「黑水溝」一帶更是埋葬了許多冤魂。偷渡者若順利過海，還不一定能平安上岸，因為搭載偷渡者的「客頭」為了防範巡查海岸的官兵取締，有時會在海岸外的沙洲上棄置偷渡者，要他們自行設法登岸。所以許多人眼中雖然已經望見台灣的土地，但仍舊葬身於潮浪與泥沙中。

人口的成長

移民活動本來就是到人生地不熟的地方討生活，所以男多女少也是世界史上常見的現象。但清廷只准漢人男子單身渡海，禁止攜帶妻兒，目的就是不希望漢人在台定居

歷史現場

清代初、中期台灣人口的現象

限制移民的政策在人口學上造成許多特殊現象，像是人口成長主要來自境外移入，而非自然增加；人口組成以青壯年男性為主，老年人與兒童都非常稀少，而且性別比例懸殊，使得台灣的家庭、家族與社會組織的發展和中國傳統比較深厚的內地不同。

繁衍，形成難以控管的力量。清廷的移民政策，因而造成許多家庭夫妻分離、父母與子女不得相見的悲劇。

清廷限制移民的規定為期很長一段時間，但漢人移民的社會力量還是太大，官方無法扼止，尤其在十八世紀，中國人口增加一倍以上，達到三億七千多萬人，構成龐大的人口壓力，官方最後只好完全解禁。所以在十九世紀初，台灣已經有兩百萬人左右；到割讓日本時，又增加到兩百五十五萬人。人口增長也考驗著土地供應糧食的能力，挑戰土地資源的利用與分配方式，清代台灣史上許多社會衝突，背後也都有人口與土地資源相互作用的經濟因素。

清代台灣漢人人口與耕地的成長

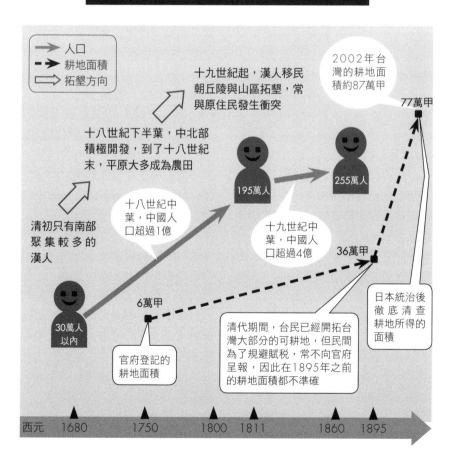

西元 1680 1750 1800 1811 1860 1895

軍事制度的演變

台灣四面環海、海盜出沒無常；原住民經常殺傷人命；離鄉背井的移民又勇於違抗官府。於是清廷為了兼顧國防與治安，在台灣配置全國最高比例的兵力，高達一萬四千多人，而且規定全國最優秀的「水師」將領才有資格赴台領軍。但清廷種種制度上的布置卻演變出意料之外的結果。

製造社會問題的「營兵」

滿清打天下的部族軍隊，在進入中國後逐漸喪失戰力。清廷開始起用漢人、組成稱為「綠營」的部隊，「營兵」也逐漸成為清朝作戰的主力。但是清代台灣的綠營有個異於內地的特點，就是不召募本地的漢人男子當兵。這是因為當時的財源不足，加上不信任曾附隨明鄭反清的移民，於是從福建輪流調兵來台，藉此節省軍費。然而這種設計造成一連串的流弊，成為清朝統治期間始終無法妥善解決的問題。

在清代中國的社會裡，當兵並不是有前途的好出路，一般男子不會把從軍當做理想的生涯選擇，因此應募而來的營兵素質普遍較差，軍隊的名聲也不好。來台營兵的主要任務除了作戰和海防之外，平常還要為官府把守城門、遞送公文，派駐在各地捉拿盜賊，維持地方安寧，等於是官府的差役。由於營兵平時缺乏訓練，緊急時刻當然無法平定亂事，所以好幾場重大的社會動亂，都靠清廷從內地調兵來台才能解決。另外，制度的缺失使得營兵的薪水相當微薄，而台灣的物價又高，他們只好在民間兼差謀生；加上營兵並不住在完全隔離的營區，常與一般民眾混居，往往倚仗官府的威權騷擾百姓，非法行徑與地痞流氓差不多，不只官員頭痛，民間也深受其擾。直到晚清，地方武力和新式軍隊崛起之後，營兵的問題才逐漸減輕。

出身草莽的「台勇」

營兵是官方的正規武力卻不堪作戰，於是官員在面對各種動亂時，大都利用社會上既有的族群矛盾，採取分化打擊的策略來回復秩序；同時鼓勵各村莊聯合，或由有勢力的家族領導，組成自衛的「民兵」來保衛家園，以及協助官方弭平亂事。在幾場戰役中，民間武力的戰鬥表現傑出，清廷也讓一小部分人加入營兵；霧峰林家所率領的「台勇」甚至內渡大陸，參加清廷征討太平天國的戰事，立下不少功勳。

但是清廷認為台灣亂事頻繁、漢人好勇鬥狠，反而小心提防，不願完全開放台民男子從軍入伍。其實這是清廷不了解台灣的社會情

形，因為漢人的農業開發就是武裝拓殖，村莊特別重視防禦工事和武藝訓練。移民白天手拿鋤頭、身上揹槍掛刀，不但隨時留意同伴的呼救，晚上更輪流守望，小心原住民的夜襲。清代中期以後，漢人內部械鬥衝突緊張激烈的程度猶如兩軍對陣。正是在這種生存鬥爭的環境下，養成漢人移民豪強尚武的氣質。

以家眷為人質

為了防範來台官員和營兵造反，家眷都被迫留在內地和福建，藉此牽制。

缺失

發給營兵的口糧有部分必須運回福建給眷屬，官府強迫往來兩岸的船隻載運兵糧，影響商人做生意。

管制軍事資源

不許漢人製造和擁有槍械，或私自提煉硫磺；連鐵器、竹子和樟木（可以造船）的開採和流通都受到管制。

缺失

鐵器、竹子和樟木也是製造農具、建築房屋的資源，官府的禁令造成民間不便。

清廷在台軍事政策

營兵違法犯案，甚至敢挑釁文官的差役，卻受到武官的包庇。

缺失

武官權重

武官的人數多、權力大，有作為的文官想要改革營兵，卻受到武官的掣肘。

在幾次重大的動亂中，民眾都輕易地攻陷官員的治所，這項規定才逐漸放寬，允許增建城池。

缺失

禁止築城

清廷規定不得興築城牆，用意在避免台民叛亂時據城固守。

官府與民間的關係

在傳統的中國社會裡，各地鄉間其實過著天高皇帝遠的日子，官府與民間也保持著一段距離。清代台灣屬於邊疆的新墾區，但官方卻很少積極從事建設，法制的規範有時也無法趕上社會發展的腳步。漢人的力量因此在較少受到官府約束的空間中自由發揮，謀取自身最大的利益。

官府鼓勵地方自治

清代政府的控制力往往集中在城市和縣的層級，縣以下的鄉間往往交由家族、地方自治團體與鄉紳領袖來維繫鄉里秩序。台灣的情形又比較特殊，因為是新開發區，家族與鄉紳的勢力較晚才成形，所以地方官更樂見漢人的村莊自治，很少干涉地方的事務。

這也是因為中國傳統的政治觀念是以不擾民為原則，地方官只要定期收納稅賦，維持地方治安，就算是合格的官員。在司法上，地方官希望民眾能自行調解民事訴訟，只有重大刑案才交由官府處置。偏偏台灣經常發生原住民與移民的衝突以及漢人的械鬥，再加上失業流民的擾亂，使得官府更加仰賴村莊的各種自衛組織，來維持社會穩定，但也只能發揮部分的效果。

行政制度的侷限

清代許多來台的監察官員，常認為台灣是清朝治下官僚風氣最差的地方，但清廷了解統治台灣的困難，所以在法規上要求必須是有資歷的官員才能派赴台灣，而且以好的待遇和升遷做為獎勵。赴台就任的官員其實也有傑出人才，但由於橫渡海峽有生命安全的危險，加上水土不服容易感染疾病，而且台灣在土地開墾和族群衝突的事務上非常繁雜，因此大多數官員的態度不免趨於消極，只求平安無事，期待任期屆滿盡快離開；壞的官員則是看準台灣的富裕，把來台做官當成是大肆搜括的機會。加上台灣屬於福建省的下級單位，上級長官無法長期駐留，只能夠採取輪流巡視的辦法。結果造成在台官員以做表面功夫的方式來應付不常造訪的監察人員，反而增加民間的困擾。

橫行鄉里的胥吏

台灣和清朝治下其他的地方一樣，還面臨「胥吏」使官民關係更惡化的問題。胥吏是指官衙中介於官員與民眾之間的行政事務人員。他們熟悉地方民情，而且長期在當地衙門中任職，幾乎是世代相傳。由於清代地方財政制度的不健全，這些人沒有足夠維持生活的收入，於是他們就向民眾索取處理事務的「規費」；甚至利用公務之便與

威權，假藉各種名目向民眾恐嚇取財。

地方官對於胥吏的不良行徑經常是束手無策。因為地方官都來自於外地，不但語言不通，風土民情更是陌生，問案審判不免要諮詢胥吏的意見，如果沒有他們的協助，很難順利完成各項統治任務。但好的官員還是會約束胥吏的非法行為，鼓勵民眾檢舉告發；壞的官員反而與胥吏狼狽為奸，聯手壓榨民眾。所以一般民眾也不喜歡與官府打交道，以終身不離開鄉村、不與官差相見為人生安居樂業的理想。

官府衙門與民眾的關係

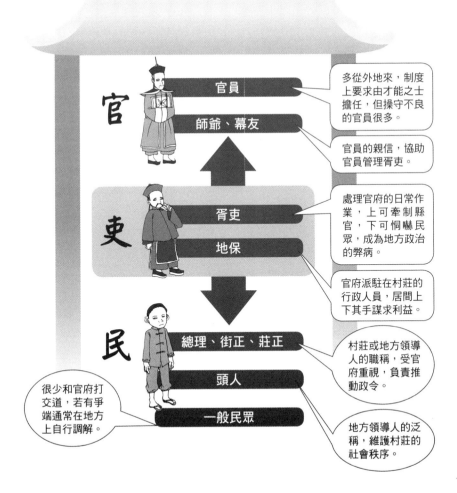

官　官員
多從外地來，制度上要求由才能之士擔任，但操守不良的官員很多。

師爺、幕友
官員的親信，協助官員管理胥吏。

吏　胥吏
處理官府的日常作業，上可牽制縣官，下可恫嚇民眾，成為地方政治的弊病。

地保
官府派駐在村莊的行政人員，居間上下其手謀求利益。

民　總理、街正、莊正
村莊或地方領導人的職稱，受官府重視，負責推動政令。

頭人
地方領導人的泛稱，維護村莊的社會秩序。

一般民眾
很少和官府打交道，若有爭端通常在地方上自行調解。

原住民的變遷與適應

十八世紀以來，隨著中國人口的暴增，漢人不只向國外移民，對內也有一波波向周邊的擴張，許多邊緣地帶的少數民族紛紛受到這股力量的衝擊，被迫脫離原有的生活方式。台灣的原住民在漢人侵墾的威脅下，面臨數千年來未曾有過的大變化。

隔離政策

由於明鄭據台反清的歷史教訓讓清廷難以忘懷，官府其實比較忌憚漢人的動亂，而不是原住民的反叛。但是為了避免原住民與漢人產生衝突釀成更大的動亂，清初官方族群政策的基調就是隔離雙方的交往。官府在移民與原住民的交界處挖掘壕溝，設立石碑，嚴禁漢人出入，希望能夠劃清兩者的界限。不過在遠離政治中心、鄰近原住民的邊區，依然是大規模抗官暴動的亂源。

地權流失

十八世紀以後，漢人移民日益增多，逐漸壓縮原住民的生活空間，原住民的社會經濟結構與文化體系遭到衝擊；尤其是土地的大量流失更危及到部落生存的命脈。在生活條件日益困窘的處境下，原住民剛開始爆發過幾場大規模的叛亂，但都被清廷用分化離間的戰略鎮壓下來。雖然這種火山爆發式的抗爭也促使清廷更重視保護原住民的權益，禁止漢人侵占、買賣或透過通婚獲取原住民的土地，但這些規定仍舊無法抑制漢人侵墾的浪潮。

番產漢佃的妥協辦法

為了兼顧漢人開墾的趨勢，並且保護原住民的地權，官方與民間（包括原住民與漢人）逐漸發展出「番大租」的地權型態。這種妥協的辦法是從漢人常見的土地利用模式「大小租」移植過來，由漢人佃戶向原住民佃耕土地，繳納佃租給原住民。這個辦法看似妥當，實則不然，因為過去馳騁山林的原住民要轉變身分、學習成為催納地租的地主並不容易。而且過去部族共有的土地，如今交由各家戶自行掌理，也瓦解部落的整體性。這個辦法將原住民進一步捲入漢人主導的租佃制度與貨幣經濟中，最後大多數的原住民仍然淪為漢人社會經濟體系的邊緣。

官方操弄族群政策

值得注意的是，這種番產漢佃的做法在地理空間上有特定的分布，形成由外向內，依序為漢人、「熟番」和「生番」三種相異的生

活世界。清廷刻意將喪失土地並歸順的原住民（熟番）配置在漢人開拓區的前線，擔任警戒防衛生番的工作，另一方面命令熟番與官兵合作鎮壓叛亂的漢人。族群之間的敵對性遭到官方的利用，成為維持秩序和穩定政權的工具。因此在鄰近山區的農業開墾最前線，熟番與客家人聯手抗衡生番的鬥爭最劇烈、傷亡也最慘重，至今許多無主的孤墳，都見證當年慘痛的殺戮。

生番

不接受清廷管轄與教化。

大多居住在清廷控制以外的山區，直到晚清才與漢人有較激烈的衝突。

生番

從荷蘭時代就和外界有接觸，大多居住平原地帶，與漢人交往密切。

接受管轄，納稅服役，改變習俗。

歸附官府成為熟番

彼此界限並非固定不變

向深山遷移成為生番

高山族

日本討伐與教化的對象，維持自己的特性

平埔族

經歷日治時代，幾乎完全隱沒，融入漢人社會。

「番」是漢人指稱原住民的用詞，意思是欠缺文明。清廷用「生番」和「熟番」來區別原住民，主要是有政治上的意涵。到了日治時代，學者以語言、體質和文化等各種標準粗分為「高山族」和「平埔族」兩大類。但這些因行政方便、外來者的認知而形成的分類，並無法清楚說明原住民各個部落在歷史上的實際情形，甚至破壞原住民對自我的認同。

平埔族群的變遷與適應

在漢人大舉移入台灣後，有些原住民選擇離開原居的土地，遷移的距離或長或短，有的翻越中央山脈來到東海岸；有的向內陸盆地或高山做短距離移動，使得整個原住民的分布產生很大的變化。不過，遷移本來就是原住民的生存手段，不全然是在漢人壓迫之下消極被動的逃避。

這些集團性的遷移也和歷史發展有關。在十八世紀末，由於平埔族的「岸里社」人協助官方平定漢人叛亂，官方徵召歸順的原住民，編組成稱為「屯」的軍事單位，使得向來各自為政的部落產生密切的交流，奠定日後協調合作的基礎。到了十九世紀，中部地區的原住民積極因應社會形勢的變化，在台灣內部的移民也呈現出有計畫、有組織的特色，跨越過去部族的分野，洽談合作、聯合訂約，集體向內陸盆地遷移，謀求建立專屬於原住民的生活空間。

社會文化的互動

原住民與漢人的接觸是全面性，除了政治與經濟之外，雙方在社會文化上也有許多交流，其中最直接的關係就是通婚。早期來台的漢人多為單身男子，經常娶熟番女子為妻，甚至遵循熟番傳統住進部落裡。這種婚姻經常帶有利益的動機，或想藉此維繫和平；或想取得農業灌溉的用水；或者謀取土地。不過，通婚對兩個族群來說，都是重大的變化，尤其當漢人踏進以原住民為主體、人數達上千人的「地盤」中，很難不受到原住民社會文化的影響。

但漢人族群的社會力量終究逐漸增強。經過幾代通婚之後，混血的子女往往認為自己是漢人，而不是原住民。這種「主觀」的認同顯示出漢人文化占了上風。不過仍然有許多原住民的文化特色以非常隱微的方式，留存到今天的社會中。尤其在婚姻與祭祀方面特別明顯，從招贅婚，母系祖先的神主牌和部分宗教祭祀的特殊習慣等等，都可以追溯到原住民文化的特點。所以文化的交流，並不是只有「漢化」，也有不少漢人「番化」，只是不自知而已。

如何解釋族群融混後文化交流的現象

在族群融混的過程中，漢人的優勢常發揮作用，促成原住民單方面的「漢化」；有時則互相影響，留下的痕跡也很難指定是專屬於哪一個族群。有時原住民和漢人的風俗非常接近，甚至有共通之處，雙方的融合也毫無痕跡。可是後來人們在指認這些文化的接觸時，卻往往預設漢人的文化較為強勢，反而忽略文化的彈性以及原住民文化的內涵。

官府

處理原住民事務的胥吏以各種方式欺騙原住民，從中謀利，增添原住民額外的負擔。

官府認為這些是原住民歸順後的基本義務，必須遵守。卻造成原住民在時間、精力和金錢上的負擔，不但需要向漢人借貸，也打亂農業生活的規律作息。

強迫勞役
徵收稅賦
徵調從軍

原住民

部落領導人的權力受到官方代表和漢人的侵蝕而縮減，政治結構被破壞。

貨幣經濟
租佃制度

漢人

漢人具備開墾的技術和資金，成為原住民告貸的對象。

由於一田兩主的地權結構逐漸對漢人小租戶有利，使得擔任大租戶的原住民喪失實質的地權。而且漢人主導貨幣經濟，原住民不斷抵押土地而貧困，終淪為漢人社會經濟體系的邊緣。

原住民面臨漢人的擴張，嘗試調整原有的社會文化型態，學習定居農耕。但由於缺乏開墾所需的資金和技術，只能將土地租借給漢人佃農來開闢；或以出租土地為條件，向投資水利工程的漢人換取水源來灌溉農地，但代價都是失去土地。

教育、科舉與仕宦

早期漢人移民主要來自內地的基層民眾，他們帶到台灣的中國文化多半有民間的色彩，因此一般人的生活重心是以宗教信仰與庶民文化為主，讀書應考實在是個遙遠的夢想。而且邊疆拓墾社會的價值取向是以致富為優先，所以文教不發達正是清代台灣社會的特色。

讀書、識字吸引台民嗎？

清初台灣是新開發的邊疆，社會上的文字訊息有限，識字與否對一般人的生活並沒有深刻的影響。而且移民多半是在家鄉窮困到無法存活，才會冒險渡海來台。他們的人生期望是先求溫飽，努力在農業生產與貿易中立足，進而擴展家業，直到致富以後才會期盼子孫讀書應考，提升家族地位與維護經濟權益。而且當時漢人社會有尚武的風氣，除了抵禦原住民之外，各族群常因利益衝突而拼鬥，在這種相互仇殺的緊張氣氛中，也很難產生求知的欲望。不過，社會生活與經濟活動仍然要求台民具備算術與基本的識字能力，才能保障權益。因此地方官與民間設立了許多啟蒙教育的機構，提供台民接受基本教育。

不必非考上進士不可

在傳統中國，科舉考試畢竟能讓地方菁英參與政治，從而維繫政權穩定，所以地方官也鼓勵台民向學。而且科舉考試是提升社會地位的階級流動管道，因此地主家庭只要有餘力，總會鼓勵子弟讀書。到了十九世紀初，台民的經濟實力提升，已經有三千多人去爭取到福建參加考試的三百個名額。到了晚清開放通商，當時的科舉教育機構「書院」更是快速增加，顯示出台灣文教水平有進一步提升。但在科舉考試中，只有極少數人才能不斷進修，通過一關又一關的考試，取得「進士」的頭銜。大多數人在前幾個關卡就落榜，但他們已經有資格當官，或擁有特殊的身分地位，受到一般庶民的景仰。他們不但享有特權，更憑藉識字能力以及與官府來往的經驗，擁有相當大的影響力，成為鄉里中的上層人士。

當官的不同管道

除了科舉考試以外，想要取得官位還有另外兩種途徑：努力墾地經商，致富後再向官府捐錢購買官位；或者組成地方武力，率領族人同鄉為清廷效力，一旦立下汗馬功勞，也能夠獲賜官位。無論用哪一種方法，只要與官府關係良好，家族中有人當官不但可以守成，還能趁機開創更多的財富。

台民就學應考的基本流程

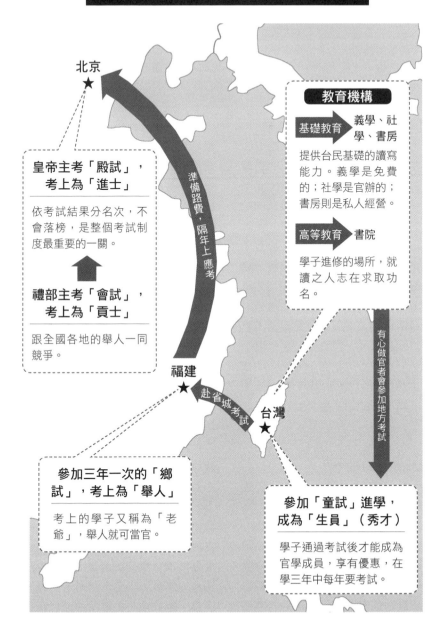

北京★

皇帝主考「殿試」，考上為「進士」

依考試結果分名次，不會落榜，是整個考試制度最重要的一關。

↑

禮部主考「會試」，考上為「貢士」

跟全國各地的舉人一同競爭。

準備路費，隔年上應考

教育機構

基礎教育 → 義學、社學、書房

提供台民基礎的讀寫能力。義學是免費的；社學是官辦的；書房則是私人經營。

高等教育 → 書院

學子進修的場所，就讀之人志在求取功名。

有心做官者會參加地方考試

福建★

赴省城考試

台灣★

參加三年一次的「鄉試」，考上為「舉人」

考上的學子又稱為「老爺」，舉人就可當官。

參加「童試」進學，成為「生員」（秀才）

學子通過考試後才能成為官學成員，享有優惠，在學三年中每年要考試。

晚清變局下的台灣

十九世紀中葉後，挾帶資本主義與工業革命威力的西方列強，以軍事和經濟雙管齊下衝擊整個中國。清帝國從鴉片戰爭落敗後，暴露出許多的弱點，並經歷一連串失利的戰爭，簽下許多不平等的條約，也被迫接受西方制定的世界新秩序，逐步開放自由通商，西方國家也從沿海城市向內陸緩慢地伸展勢力。

開港通商：西方勢力的進駐

台灣位處滿清帝國的東南方，歐美各國很早就注意到島上的農礦資源與貿易機會，要求台灣南北港口開港通商。外商從此憑藉政治外交的優勢，不斷向清廷施壓，要求參與各項經濟資源的開發；傳教士也來到島上，在各地行醫傳教，建立教堂、學校，推行社會福利的事業。同時西方人向全世界的擴張，不只透過武力征服與貿易滲透，更有許多科學家、探險家踏足台灣，觀察記錄島上的生態、地形、人種與動植物等，建立現代的知識體系，為西方的領先優勢奠立長遠的基礎。

波及台灣的戰爭

另一方面，當時世界上最龐大的清帝國也緩慢地回應外力的挑戰。由於這並非文明的和平接觸，更是從傳統到現代的深層轉型，因此中國改革的速度無法跟上列強擴張的腳步。西方國家、俄國與日本不斷從四面八方向中國的邊疆逼進，台灣的經濟價值與戰略位置也引起列強和日本的重視。

此時正當歐美帝國主義殖民全球、勢力擴張達於鼎盛的年代。依照優勝劣敗的邏輯，以戰爭勝負解決爭端被視為理所當然的手段。因此列強與清廷爆發了幾場戰爭，雖然主要戰場都在內地和東南沿海，但也有多次波及台灣，不過在台灣官民的協力抵抗下，台灣本島始終未被列強占領。

領土問題：東部國防的危機

與中國內地相似的是，台灣對進駐的西方人也有許多誤解和排斥。但由於台灣的傳統文化根基較淺，加上經營貿易而有唯利是趨的傾向，所以沒有激烈抗拒西方勢力，但難免發生一些貿易衝突和傳教糾紛。這些摩擦有些是出於民族主義的抵抗；有些是東西文明接觸上的碰撞；有些則是現代世界建立秩序的磨合過程。例如東西各國的交流日益頻繁，協調合作的需要也大為增加。像是歐美各國前往中國交易的船隻，常在台灣附近擱淺或沈沒，船員因而失蹤或遭原住民殺害，引起各國政府關注，於是派人來台盼能建立海難救援的處理模

危機四伏的晚清中國

俄羅斯

俄羅斯擴張至滿洲、蒙古、新疆與中亞

滿洲里

哈爾濱 ●

1860年第二次英法聯軍，攻陷首都北京

信奉回教的民眾長期與漢人相處不睦，趁太平天國起事，抵抗滿清統治

北京 ●

黃淮平原上的地方盜匪四處劫掠，為害村莊

雲南的漢人與信奉回教的民眾長期衝突，官方處置不當，引起暴亂

黃河

回亂
1862～1873

捻亂
1853～1868

1883～1885年中法戰爭，並轉攻到台灣

英國從印度擴張至西藏

起源於廣西等客家移民區，後定都於南京

南京 ●

太平天國控制範圍
1854～1863

漢口 ●

重慶 ●

長江

長沙 ●

● 福州

● 廈門

台灣

回亂
1856～1873

苗亂與白蓮教之亂
1850～1872

● 廣州

1840～1842年鴉片戰爭，英軍也進犯台灣

法國從越南擴張至廣西

法屬中南半島

暹羅

世居貴州東部的苗族和漢人移民組成的祕密會社引發動亂

85

式，但他們屢次向官方交涉，卻無法獲得滿意的答案。

　　這是因為清廷統治台灣並未強迫原住民歸順，只要原住民與移民相安無事，就放任偏遠地帶的原住民在自己的天地中生活。可是這種態度與歐美現代民族國家要求領土必須有明確界限的觀念不合，因而造成英美外交官直接與原住民談判，或有探險家登陸東部，準備在當地建立自己的勢力範圍；連日本都藉機出兵，想要在台殖民。由於東部國防的緊張，清廷便派兵開闢數條橫貫中央山脈的道路，以加強東西岸的連結，同時改變過去對待原住民的政策，改採積極討伐與開發山地。

自強運動與建省

　　由於台灣發生多起外交與國際糾紛，列強與日本又虎視眈眈，清廷重新體認到台灣的國防地位，逐漸調整治台政策，推行一連串的變革，派遣多位當時一流的優秀人才來台辦理外交、海防與行政。這些官員以富國強兵和船堅炮利為目標，在許多現代化的硬體設施上積極建設；經過十餘年的努力，加上台灣因為經貿發達，民間社會比較開放，使得台灣起步雖晚，但在自強運動中已經達成領先內地的成果。

　　清廷在行政上最大的改變是在危急情勢下迅速將新疆、台灣與東北獨立建省，派遣劉銘傳赴台興辦各項建設。建省的意義不只是明確地將東部納入領土、劃定疆域界限，向西方國家宣示主權，同時也表示台灣不再隸屬福建省管轄，而是提升為自主的行政單位，更方便進行整體的規劃。但相對來說，獨立建省需要財源自足，維持海防與發展經貿也耗費龐大。劉銘傳為了籌措這筆龐大的經費，確保已經成為出口主力的茶和樟腦能夠穩定外銷，更積極推動「開山撫番」的政策，以武力討伐向來與漢人接觸有限的「生番」。

　　劉銘傳推動一連串具有遠見的建設，許多內容都被日本總督府所承繼和實現。但由於晚清世局變動太快，個人的作為不易獲得大環境的支援。而且他同時興辦多項建設，反而造成財政困難，不少措施日後都擱置下來。台灣全面性的現代化，以及物質層面以外的現代化，要到日治時代才徹底展開。不過台灣在經歷兩百餘年的開發，再加上晚清以來的積極開創，日本在甲午戰爭中所攫取的這個戰利品，已經是個小有建設的寶島。

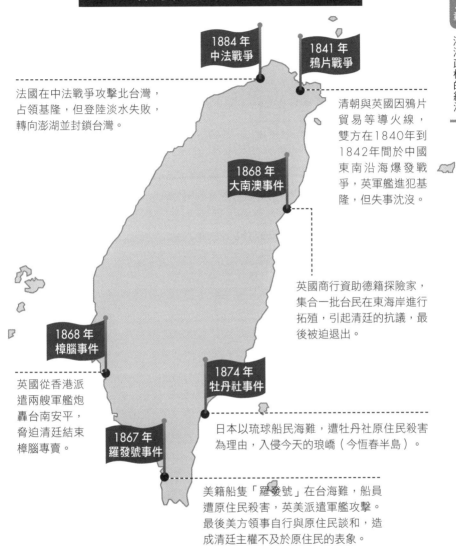

台灣十九世紀以來的外患

1884 年 中法戰爭

法國在中法戰爭攻擊北台灣，占領基隆，但登陸淡水失敗，轉向澎湖並封鎖台灣。

1841 年 鴉片戰爭

清朝與英國因鴉片貿易等導火線，雙方在1840年到1842年間於中國東南沿海爆發戰爭，英軍艦進犯基隆，但失事沈沒。

1868 年 大南澳事件

英國商行資助德籍探險家，集合一批台民在東海岸進行拓殖，引起清廷的抗議，最後被迫退出。

1868 年 樟腦事件

英國從香港派遣兩艘軍艦炮轟台南安平，脅迫清廷結束樟腦專賣。

1874 年 牡丹社事件

日本以琉球船民海難，遭牡丹社原住民殺害為理由，入侵今天的琅嶠（今恆春半島）。

1867 年 羅發號事件

美籍船隻「羅發號」在台海難，船員遭原住民殺害，英美派遣軍艦攻擊。最後美方領事自行與原住民談和，造成清廷主權不及於原住民的表象。

1800～1809年 蔡牽海盜集團侵擾台灣

中國東南沿海的大海盜蔡牽，在這十年間，攻打台灣西海岸南北各港口，甚至準備進入蘇澳武裝拓墾。後來被王得祿率軍擊滅。

1854年 閩南小刀會侵擾台灣南北海港

福建小刀會因響應太平天國起事遭到官兵圍剿，轉而發動船隊襲擊新竹、宜蘭、基隆各港口。霧峰林家的林文察因此戰崛起，為家族打下基業。

第 5 章

清代台灣的拓墾與貿易

農業拓墾是清代台灣史上最重要的現象，政治經濟與社會文化各方面的發展都與土地開發脫離不了關係。在十七世紀末滿清統治之初，台灣大部分地區還是原始草原，但許多貧窮求生的漢人渡海來台，逐漸將這片土地化為精耕細作的田園，並生產大量的農產品輸向對岸，兩岸形成區域分工的體制，台灣也成為十八世紀以來漢人向周邊擴張最成功的地區。到了十九世紀中葉，歐美資本主義的經濟擴張，全球市場逐漸成形。台灣憑藉特有的物產，配合國際貿易的潮流，在不到三十年間，一躍成為晚清外貿最發達的地區。

 **學習重點**

移民如何改造環境、發展農業？
原住民如何左右移民農業開發的動向？
一塊土地為何會出現業主、田主和佃農？
地理環境對移民有哪些限制？
海峽兩岸交換哪些物資？
清代台灣最熱鬧的聚落在哪裡？
晚清台灣如何加入世界經濟？

漢人農業拓墾的方式

我們周遭的地名經常透露出歷史的痕跡，比如「五股」、「九份」都是表示農戶平均分攤出錢出力合作開墾的意思；像是「新埤」、「大埤」和「埤頭」，表示當地曾經出現的農田水利設施。「結」和「堵」則透露出移民建築防禦設施以抗拒原住民的痕跡。

拓荒—中國精耕農業的移植

荷蘭時代之前，台灣的西部平原是原住民狩獵的廣大鹿場。從荷蘭人召募漢人移民來台，經過明鄭的經營，今日台南一帶的土地已開墾完畢，中北部和今日高雄以南則只有零星的據點，這些地方於是成為十八世紀以後漢人移民建立家園的目標。早期的拓荒需要比較多的準備工作，必須預先儲備糧食、接引水源、搭建房舍、購買稻種、農具和耕牛等。由於投資龐大，所以多由官方或經濟實力雄厚的人士出面組成「墾號」，出錢召募佃農來耕作。在這兩百多年間，農業經營所需的人力、資本與技術一波一波從內地輸入，從犁耕、牛耕、水車和早熟抗旱的稻種，乃至於各類蔬菜水果的品種，這些都是全世界最擅長耕作的中國農民數千年來累積的經驗或碰巧獲得的發現，如今都傳進台灣。

水田化運動—第一波農業革命

在原野初步改為農地後，擅長精耕細作的農民準備進一步將旱地化為水田以提高稻米產量。但台灣因氣候和水文的條件，使得灌溉用水並不穩定，因此興建水利設施成為農業升級的關鍵條件。可是當時的地方官很少主動建設，大多數的工程都由民間自行集資完成，其中對農業增產最有幫助的就是水圳。開闢水圳是比拓墾荒地更複雜、風險更大，但獲利也更高的投資事業，需要投入大筆的資金、人力，還要有工程技術以及團隊組織才能成功。一旦水圳完成，沿途受惠的農地都必須繳納「水租」做為用水的代價。由於民間興建水圳有投資的性質，水權也屬私人所有而非公共資源，這一點直到日治時代才有所轉變。

墾、隘合作—後期開墾的模式

到了十九世紀以後，西部的平原地帶已經開墾完畢，漢人第二波的拓墾方向朝向中、北部的丘陵與緣山地帶以及今天的宜蘭地區。由於鄰近山區，移民與原住民的相爭更為劇烈，雙方的犧牲也更慘重。當時申請拓荒的農人多半在地勢險要之處設立稱為「隘」的防衛據點，召募勇士擔任「隘丁」，防堵

原住民進入墾區殺害移民；率領隘丁的首領則向被保護的農人收取米糧來維持隘丁的生活。在這些開墾最前線的地帶，往往光線稀薄，瀰漫原始山林的氣味。一般人除非有事必須通過，否則不願靠近這個危險的地區。但隘丁卻以此為家，搭建小屋，挖掘壕溝，設置障礙物，並且定期巡邏守望、護送行人。有不少隘丁無法全身而退，最後都死在工作的崗位上。

原住民與農業開墾的關係

學習漢人的農業技術

- 在地方官安排和與漢人接觸下，原住民逐漸學習漢人的耕作方式。
- 由於社會文化的不同，從游耕轉為精耕的過程並不容易。

開闢水圳的關鍵

- 因水源地鄰近山區，處於原住民的勢力範圍內，因此開鑿水圳必須獲得原住民的同意。
- 原住民將部分土地轉讓給漢人，換取他們投資興建水利工程，共同享用灌溉用水。

抗衡漢人的入侵

- 漢人多拓墾一塊土地，原住民狩獵游耕的空間就減少一分。
- 隘丁有時把守不嚴，定時巡邏也不免有漏洞，原住民還是可以成功潛入狙殺漢人，造成不少家庭的悲劇。

雖然漢人的農業型態最後推展到全島，看來相當成功，但過程中其實充滿許多的意外。有人開墾土地，遭遇原住民強烈抵抗，只好撤退；有人建築水圳，卻瀕臨破產；有人設隘防守，卻不負責任，放任人命犧牲等。現實中充滿各種漏洞和瑕疵，才是歷史的原貌。

清代台灣的地權關係

土地是農業社會最重要的資源，不但是謀生賺錢的工具，也代表著累積的財富。在土地有限、人口眾多的情形下，台灣和中國華南一樣，隨著社會經濟條件的長期發展，逐漸演變成一塊田地不只一個主人的現象。這種地權關係對農村的社會結構造成深遠的影響。

土地權利的源起與分化

在荷蘭時代，漢人擁有的土地已經可以簽約買賣或傳襲給後代。明鄭與滿清相繼統治台灣，也鼓勵民間在不侵犯原住民生存地域的前提下開墾荒地。只要事先申報，開墾完畢後請官方驗收和納稅，就可以獲得土地所有權的憑據。由於當時請墾的範圍都很遼闊，所以投資開墾的富豪或家族往往召募親友或鄰人擔任佃農從事實際勞動。而且台民為了逃避稅賦，往往墾多報少、私下偷墾的情形非常普遍。

由於開墾荒地非常艱苦，農人赤手空拳付出很大的努力，因此出面申請的富豪在開墾完畢後雖然取得土地所有權的憑據，成為田業的主人，但他們和佃農簽訂契約時，都承認佃農擁有持續經營土地的權利。於是富豪變成官方登記上的「業主」，而第一代的佃農只要繳租，耕作的權利就不可被隨意剝奪。由於佃農可以自行管理經營，等於成為實質上的地主。

小租戶地主的崛起

當中部的水利設施陸續完成，農業墾植也進入了水田耕作的階段。由於水稻需要精耕細作才能增加產量，因此許多成為實質地主的佃農，便將土地分租給四處謀生的新移民，以運用充沛的勞動力。於是對一塊土地的權利就出現官方登記名下的業主、出身第一代佃農的「田主」以及實際勞動的佃農三種身分。由於出口稻米到對岸獲利良多，土地的市場價值也愈來愈高，甚至成為投資經營、周轉現金的商品。使得田主或因為貧困，或為了經營其他事業，便在不觸動業主所有權的情形下，出租、拋售或抵押土地的經營權，更造成土地權利的分割。

一般說來，業主所收的地租比較少，又住在遙遠的城市，無法有效掌握土地。居住在鄉村的田主則憑藉過去拓荒的貢獻，要求承租的佃農繳納極高比例的收穫。他們也因為了解土地的生產水平，又能監察實際的生產，因而剝削了不少佃農的勞動成果，成為農村中富裕的實力階層，擔任官府與地方的仲介，不但領導村莊的發展，也為自己謀取福利。然而，中國社會有遺產均分的特性，造成財產分割，使得地主經常「富不過三代」，農村的權力結構也隨之變動。

土地權利的區分

官府

為避免社會動蕩，不願大規模清查地籍，結果有近一半的偷墾土地不用繳納稅賦。

> 田賦是清廷重要的稅收來源，但業主獲得的田租有限，影響到稅收。

納稅 ← → 賦予土地所有權

業主（大租戶）

土地名義上的所有人，占農業人口比例不到5%。因為距離田地太遠，不了解土地的狀況。

> 早期拓荒的收成不穩定，業主只能夠抽取10～15%的佃租。

繳租 ← → 保障土地經營權

> 雙方簽定的契約，除了規定農作物的分配外，還涉及土地的相關權利。

田主（小租戶）

承墾土地的第一代佃農，占農業人口比例超過25%，掌握實際田地狀況。

> 田主要求高達40～50%的田租，以抵償他們改善荒地所付出的辛勞。

繳租 ← → 讓渡土地耕作權

> 雙方簽訂的契約主要是分配農作物。

佃農

實際投入農業生產的勞動力，占農業人口70%左右。田主與佃農之間容易起衝突。

清代台灣的交通與聚落

十七世紀末，有個讀書人因為公務要從台南到台北去採硫磺。由於他喜歡旅遊，聽朋友的建議取道陸路，穿過幾乎還未開發的西部平原。結果他一路上備嘗艱苦，總共花了二十一天才抵達目的地。他的親身經歷透露出清代交通受制於自然地理與氣候的程度，遠遠超出我們的想像。

清代台灣的交通動線

清廷剛接管台灣時，各地大都還是草莽未開的狀態。只有今日台南聚集比較多的漢人，廣大的中北部都還是原住民的生活空間。移民從台南出發向北，或在中北部的河口登陸，緣著河川向上游前進。他們在廣大的平原和丘陵上尋找類似原鄉生活條件的地點；或投奔同鄉同族的親戚，尋求生存的依靠；甚至一再遷徙，最後才落腳在最有前景的地方。

由於台灣河川呈東西流向，阻隔河岸南北的交通，因此河流也成為劃分人文發展的地理界限。當時的橋樑很少，台民渡越河流時，只能靠涉水擺渡；台灣又是新開發區，不像內地的發達地區已經有成熟的水上交通產業。這些條件造成西部平原上的交通動線以東西走向為主，台灣南北間的聯絡則是透過沿海的航運來接駁，這種移動的方式和對空間的概念，和現在完全不同。經過二百餘年，台民已將西部平原開拓殆盡，但對東部仍然很陌生；北、中、南各地依然各自發展，各區域透過海運與對岸聯繫，反而更方便而頻繁。一直到十九世紀末，台灣的內部都還沒有充分整合。

聚落的發展與型態

沿著這些交通動線，漢人拓墾的腳步逐漸推進，在原住民世居的生活空間中建立聚落。移民一開始是依附在原住民聚落旁邊成立自己的村莊，但隨著漢人勢力的擴張，原住民聚落也逐漸消失，不是併入鄰近的漢人村莊，就是被吞滅。雖然這是聚落發展的趨勢，但漢人成立聚落也不容易，不但要獲得充足的水源，也要克服漢人與原住民交惡的安全威脅。由於南北各地的條件差異很大，於是在開墾的過程

歷史現場

內陸的行政中心

清代台灣內陸的小城鎮大多是農產的集散地，另外也有以行政和軍事功能為主的聚落。清廷往往隨著移民的擴張，在區域發展的中心位置設置官衙，派駐維護治安的士兵，提供安全的保障，吸引仕紳地主和各行各業的人前來定居。

中，基於各地自然與社會人文的條件，分別發展出集村和散村兩種不同的聚落型態。

但不論是集村或散村，絕大多數的台民都居住在鄉間，而不是住在城市。清初台灣最大的都市台南

不過才五萬人，和現在一個小鎮的規模差不多。在西部平原上，台民的農業聚落星羅棋布，清廷也隨著疆界的拓展，逐步在各地區設置官府，維護地方上的秩序。

清代台灣的聚落

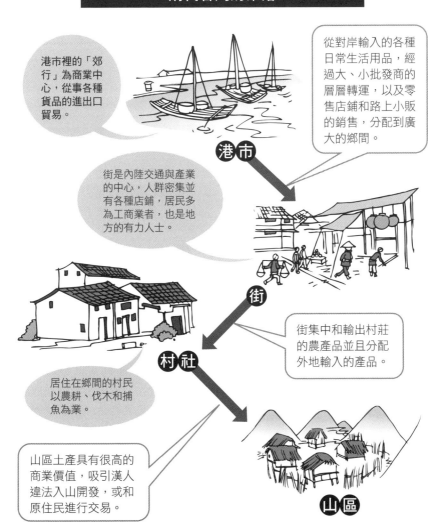

港市裡的「郊行」為商業中心，從事各種貨品的進出口貿易。

從對岸輸入的各種日常生活用品，經過大、小批發商的層層轉運，以及零售店鋪和路上小販的銷售，分配到廣大的鄉間。

港市

街是內陸交通與產業的中心，人群密集並有各種店鋪，居民多為工商業者，也是地方的有力人士。

街

街集中和輸出村莊的農產品並且分配外地輸入的產品。

村社

居住在鄉間的村民以農耕、伐木和捕魚為業。

山區土產具有很高的商業價值，吸引漢人違法入山開發，或和原住民進行交易。

山區

95

兩岸貿易與經濟的發展

經過了一百多年，清廷當年差點要放棄的台灣愈來愈富足，農業生產與兩岸貿易成為經濟的兩大支柱。台灣不但可以疏解福建、廣東的人口壓力，出產的米糧更可以接濟對岸的饑荒，平衡當地的糧價。隨著農業開發的進展，台灣的社會型態與自然景觀也和十七世紀時有很大的不同。

港都成為區域中心

憑藉優越的氣候與地理條件，加上台民的努力，台灣生產的大量農產品在自用之餘紛紛出口，從內陸平原的村莊，向西輸送到集散地，再集中到沿海幾個主要的港口，而後航向對岸。在這個海上交通蓬勃發展的年代，每年有數千艘的帆船穿梭在海面上。如果順風，半天至一天就可抵達對岸福建的港口。海洋非但不是人群往來的障礙，反而是開闊的航路，流通著大筆的財富。在西部沿岸，平均每三十五公里就有一個港口因為對外商貿和海運發展而繁榮起來。

儘管南部地區憑藉十七世紀以來先進的優勢，早已是行政、經貿與文化的重心，但由於交通條件的限制，南部與中、北部無法充分整合，各地區的沿海港口因而成為區域的中心，沿海的港口熱鬧繁華，靠岸的船隻載來最新的貨品，引導內陸腹地的社會經濟發展。因為對岸正是祖先的故鄉，台民也更習慣向西方仰望，而且在更遙遠的北方，還住著難以想像的大清皇帝。

對口貿易與郊商

然而，清廷對人民的海洋活動其實有非常嚴格的管制。在清廷治台的頭一百年，整個西部海岸只有南部最早開發的安平港是唯一合法與廈門進行貿易的港口，所有進出口都必須通過安平港來進行。隨著中、北部平原陸續開發，蔗糖的生產逐漸集中至濁水溪以南的嘉南平原，稻米轉而以中、北部平原為主。清廷於是開放中部的鹿港、北部的八里坌（今八里）和艋舺（今萬華）與內地通航，形成繁盛的兩岸貿易

在沿海港市中經營兩岸貿易的組織是稱為「郊」的傳統商業行會，「郊行」的背後多半是由福建的官宦之家投資。他們一方面將台灣生產的稻米和蔗糖輸出到福建，再將蔗糖從福建轉運至不產糖的華中和華北，回船再從內地進口衣料、手工製品和奢侈品運到台灣，然後經過層層轉運，將貨品從港市向東輸送至內陸的商業城鎮以滿足台民的需求。

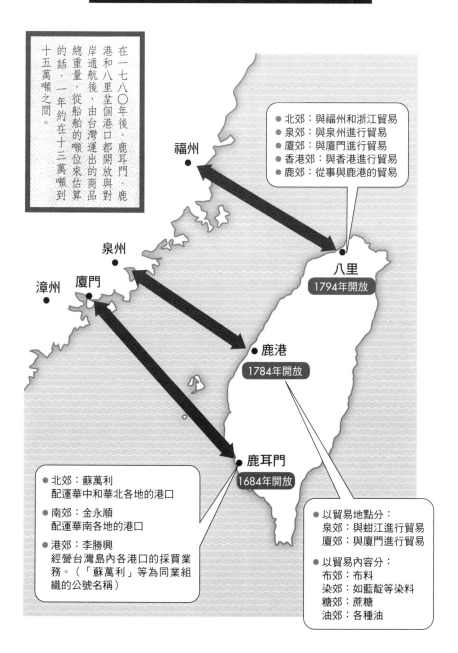

台灣郊商貿易分布圖

在一七八○年後，鹿耳門、鹿港和八里全個港口都開放與對岸通航後，由台灣運出的商品總重量，從船舶的噸位來估算的話，一年約在十三萬噸到十五萬噸之間。

- 北郊：與福州和浙江貿易
- 泉郊：與泉州進行貿易
- 廈郊：與廈門進行貿易
- 香港郊：與香港進行貿易
- 鹿郊：從事與鹿港的貿易

福州

泉州

漳州　廈門

八里
1794年開放

鹿港
1784年開放

鹿耳門
1684年開放

- 北郊：蘇萬利
　配運華中和華北各地的港口
- 南郊：金永順
　配運華南各地的港口
- 港郊：李勝興
　經營台灣島內各港口的採買業務。（「蘇萬利」等為同業組織的公號名稱）

- 以貿易地點分：
　泉郊：與蚶江進行貿易
　廈郊：與廈門進行貿易
- 以貿易內容分：
　布郊：布料
　染郊：如藍靛等染料
　糖郊：蔗糖
　油郊：各種油

產業發展與區域分工

　　儘管台灣的西部平原適合種植稻米和甘蔗,並且因大量輸出而獲利,但每種作物各自有它合適的土壤與氣候條件,因此出產米糖的自然環境也有不利生長的作物,像是種植棉花和培育桑蠶等方面就不太成功。所以台灣無法生產棉布和絲織品,使得衣服原料必需從內地輸入。這種自然環境的先天條件影響了台灣產業的走向。

　　另一個影響產業發展的因素是內地的手工業傳統相當發達,產品物美價廉,加上海運通暢便捷,使得商品可以輕易運送到台灣來銷售,造成手工業基礎原本就薄弱的台灣更缺乏競爭力。因此兩岸逐漸形成台灣輸出農產品,內地供應日常生活用品的經濟模式,台灣與內地透過海運交換物資,進行區域分工。

　　這種經濟格局凸顯出台灣的海島經濟型態仰賴對外貿易,在許多方面都有濃厚的市場取向。這種趨向有好有壞,除了手工業難以成長之外,商人還往往將稻米銷往因為缺糧而糧價較高的內地來賺取暴利,台灣本地反而因為稻米不足而米價上漲。不過,當晚清開放通商以後,台民長於謀利營生的性格,在晚清的經濟變局中得以充分地發揮。

富裕與奢侈

　　經歷一百多年的發展,台灣從充滿各種致富機會與冒險投資的天地,逐漸奠定社會經濟的基本架構,分化出不同的階級,各個地方勢力也分別占據不同的地盤。富裕人家逐漸住進用瓦片來代替茅草屋頂的房子,貧苦的人則連鞋子都沒有;貧富的差距也產生了人身買賣和奴婢的現象。當時許多內地來的官員常批評台灣「奢侈」,因為他們觀察到當時台民重視飲食與衣著,用在婚喪喜慶的花費特別高。這些批評不見得公平,台灣雖然顯得富裕與奢侈,卻還遠比不上內地最先進的地帶。不過在中國近代以來的新開發區中,台灣可說是個成功的典範。

從貿易商品看產業發展與社會文化

貿易的交換並不只是單純的經濟現象,從商品的數量、項目以及進出口的消長,往往可以看出產業與社會文化的內容。從清代台灣兩岸貿易的商品,可以了解台民的生活需要、品味與嗜好,以及對原鄉文化的依附程度。

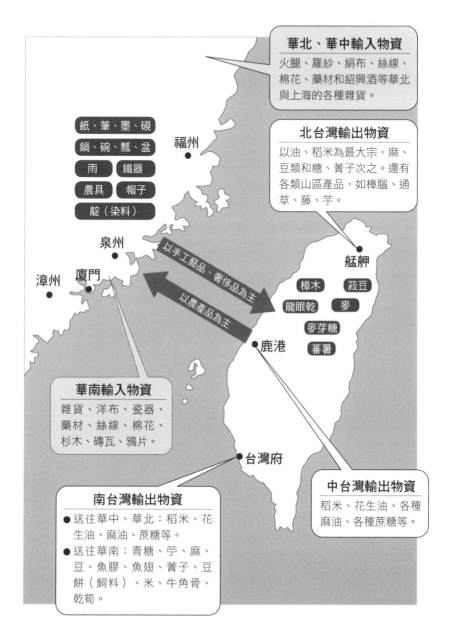

開港貿易後的台灣

到了十九世紀，漢人大舉移民台灣已經超過一百多年，社會上因人口增長、農地變少而形成生存競爭的壓力，整個中國都陷入成長停滯的局面。此時，從十六世紀開始殖民全球的歐美國家重新將矛頭指向中國。清廷在經歷幾場戰敗教訓後，被迫逐步開放對外通商，台灣也捲入世界經濟潮流中。

茶、糖、樟腦產業興盛

台灣開放通商後，熟悉國際市場需求的西方商人在北部丘陵試種茶葉成功，再經過改良加工，以獨特口味風靡美國市場。樟腦則是歐美民生消費製品的原料，受到各國工業的重視，台灣和日本正是重要的產區。這兩項新開發的作物，和歷史悠久的蔗糖一起成為台灣外銷的主力，透過外商的貿易網絡行銷到世界各地。

茶、糖、樟腦產業的興起，帶動全台的經濟發展，像是為了增加茶葉的特殊風味而以薰花加工，促成花卉產業的發展；為了順利取得生長在山區的茶和樟腦，也僱用了更多抗拒原住民的「隘勇」；負責各種水陸運輸的交通產業都連帶蓬勃發展。貿易的擴充使得台灣供養人口的能力增加，整體貿易結構也開始轉型，市場從集中在兩岸間的交換，擴張到日本、東南亞與歐美。繁榮的貿易不但讓台灣渡過原本的困境，更進而成為晚清外貿最發達的地區。

晚清台灣經濟發展的侷限

開放貿易後，台灣與內地的帆船航運並未式微，反而有所增加，所有外銷貨物都是在廈門與香港轉口。因為進行國際貿易需要許多現代化設備，例如將貨物輸送至港口的交通建設；能停泊遠洋貨輪的港灣設備；可溝通商業資訊的電報設備；還要有現代化銀行提供生產的貸款。這些條件在晚清的台灣仍然相當欠缺，當時生產的技術設備也很傳統，經營者還沒有出現工業化與長遠經營的跡象。所以來台的官員，除了鞏固國防外，也在打一場「商戰」，希望增強台灣發展工業化與資本主義的基礎。

台灣的消費情形

在經濟景氣一片看好的熱潮中，台民更為富裕，不但進口西方的洋貨，也向內地採購更多的物資，甚至進口了人參、燕窩、雪茄、洋酒等奢侈品。但這只是上層階級的享受，一般民眾的生活雖然有改善，但也僅止於溫飽，並沒有太多儲蓄。在普通農民的消費中，以食物占最大宗，其次則是拜拜應

酬、婚喪喜慶等維持人際關係的活動。不過，台灣賺取的外匯有超過一半以上都用來購買進口的鴉片。但與內地不同的是，台灣吸食鴉片者多為勞動階層，他們藉此忍耐一天的勞累，由此可見當時人們工作多麼辛苦。

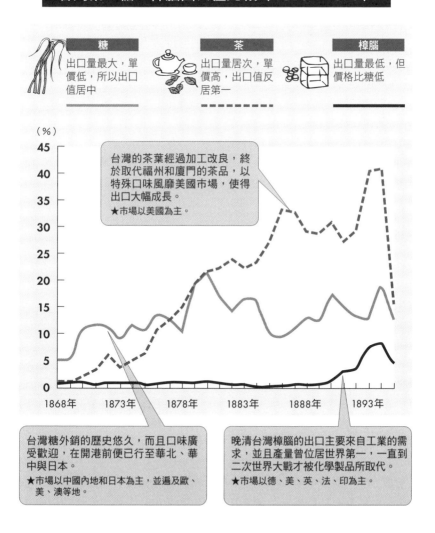

台灣茶、糖、樟腦出口值比較（1868～1895）

糖	茶	樟腦
出口量最大，單價低，所以出口值居中	出口量居次，單價高，出口值反居第一	出口量最低，但價格比糖低

台灣的茶葉經過加工改良，終於取代福州和廈門的茶品，以特殊口味風靡美國市場，使得出口大幅成長。
★市場以美國為主。

台灣糖外銷的歷史悠久，而且口味廣受歡迎，在開港前便已行至華北、華中與日本。
★市場以中國內地和日本為主，並遍及歐、美、澳等地。

晚清台灣樟腦的出口主要來自工業的需求，並且產量曾位居世界第一，一直到二次世界大戰才被化學製品所取代。
★市場以德、美、英、法、印為主。

晚清台灣的社會變遷

在傳統中國走向現代的路途中，貿易機會對於區域發展具有重要的影響。十九世紀的台灣掌握了開放貿易的契機，突破經濟上的難關，整個社會也產生重大變遷，幾乎扭轉過去兩百年的發展走向。

買辦的崛起

晚清開放通商後，西方商人到各個口岸設立商行，台灣也很快出現了領事館、海關以及世界各地的產品。在這場蓬勃的經濟熱潮中，過去的郊商和因應新局而崛起的本地商人都沒有退縮，他們秉持經商求利的本能和民族主義的精神，與外商展開激烈的競爭，其中以「買辦」的事業最為成功。

外商在內地和台灣做生意，由於語言不通，又不熟悉風土民情，都需要僱用漢人擔任買辦居間協調溝通。這些買辦一方面透過外商認識到世界的商情資訊，一方面憑藉與本地人熟悉的優勢，逐步建立起自己的勢力，最後甚至成功取代外商，躍升為新興的權勢階層。晚清台灣有許多大富豪都出身於這個群體。

豪紳的崛起

不過，站在原住民、尤其是「生番」的立場上來看，生產在中北部山區的茶和樟腦鄰近他們生存的地域，所以漢人的開發活動其實是一大威脅。不但民間以各種手段深入山林，官方為了爭取財源，也積極以武力討伐，因此清代期間有一半以上的「番亂」都發生在這個時期。在官方與漢人合作的優勢武力進逼之下，許多生番被迫向深山撤退。

為了因應變動的世局，地方官在政治、經濟與軍事上的各項建設，都會借助民間的力量。台灣的大家族也和官府建立良好關係，以私人武力協助官方開拓山林。尤其是晚清的兩大家族：霧峰林家和板橋林家，都利用承辦官方「討番」業務的機會，進而獨占了茶、樟產業的利益而擴大家業。

台灣重心的北移

由於茶和樟腦的產地在中北部，出口貿易的興盛也吸引了許多人口和資金，使得在過去兩百多年來，相對於早開發的南部來說是偏遠邊區的北部，地位日益提升。官方也因為茶樟貿易的出口量大而更重視徵收商稅，因此劉銘傳在籌辦建省業務時，便將省會從台南移向台北，從而扭轉台灣南重北輕的態勢。

晚清台灣茶、糖、樟腦產業分布圖

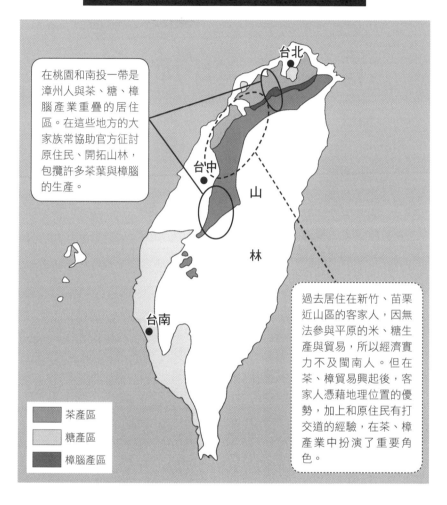

在桃園和南投一帶是漳州人與茶、糖、樟腦產業重疊的居住區。在這些地方的大家族常協助官方征討原住民、開拓山林，包攬許多茶葉與樟腦的生產。

山

林

台北

台中

台南

過去居住在新竹、苗栗近山區的客家人，因無法參與平原的米、糖生產與貿易，所以經濟實力不及閩南人。但在茶、樟貿易興起後，客家人憑藉地理位置的優勢，加上和原住民有打交道的經驗，在茶、樟產業中扮演了重要角色。

- 茶產區
- 糖產區
- 樟腦產區

茶和樟腦生產在中、北部的山區，不但沒有排擠平原地區的水稻與甘蔗，反而開發了過去不受重視的邊際土地，也使得邊際地區的族群蒙受經濟利益，漳州人及客家人趁此機會崛起，讓整個社會力量更為均衡。

第 6 章

清代台灣的社會與文化

清代期間，漢人移民逐漸來台，形成定居社會，並奠定了中國傳統社會與民族文化的基本架構。然而由於台灣地處清帝國的邊疆，王朝的統治和政治結構對台民生活的影響比較有限，台灣民間社會因而在摸索中發展自己的道路。而來自華南的漢人移民將中國傳統的社會與文化元素移植到台灣，孕育出一個與原鄉不同、具有本地特性的社會，自然形成了深厚的民族文化。清代期間漢人孕育成形的文化認同和強勁的社會力量，仍繼續留存到日治時代，並展現出台民的獨特性格。

學習重點

村莊、家族有哪些社會功能？
哪些因素促成清代台灣的社會動亂？
如何判定誰是「良民」？誰是「盜賊」？
不同族群有哪些合作與衝突？
清代台灣為何出現了異於正統的婚姻型態？
大家族的崛起要經歷多少的曲折？
台民的宗教信仰有哪些特色？
台民在日常工作、生活之外有哪些特別的活動？

村莊與家族

對生活在清代的台民來說，家族和村莊是最主要、最基本的生活單位。因地緣形成的村莊以及由血緣結合的家族，共同發揮著維繫秩序、整合社會的功能。

村莊的自治與合作

清代漢人大多居住在鄉間，一個個村莊和周圍的農田就是一般人安身立命的地方。由於共同生活的需要，村莊內部自發形成自治組織來調解土地糾紛、分配灌溉用水、以及抵禦原住民襲擊。由於有些區域性的事業，譬如開闢大範圍的水圳，就需要好幾個村莊相互配合，因此各村莊也會推舉代表，彼此洽談，共同推動地方的發展。

由於群居生活需要協調和規範，村莊中也出現各種互助合作的團體。當時的村民會輪流排班看顧田地，避免禾苗遭到人畜損傷；為了防風防水，村民也彼此約束，減少砍伐山林；對於保衛家園而捐軀的村民，村民則舉行祭祀，祈求他們的鬼魂不要作怪，在死後要繼續保祐村莊的繁榮。這些活動都是自然形成，村民也自覺有義務要確實遵守；村民更相信自己的人生和村莊的發展息息相關，使得整個村莊產生休戚與共的凝聚力。

家族的發展與聯合

雖然村莊在社會生活中舉足輕重，但中國社會裡，家族的血緣關係帶來的控制力比村莊更為強大。早期漢人移民多半是單身來台，上岸後如果沒有「同族」的親戚可以投靠，便只能依附「同鄉」聚居。所以台灣不像內地有同姓的村莊，或數百年世居一地的家族。但隨著男女婚配繁衍後代，家族日漸成長、甚至分家，於是出現「宗族」，村莊裡也出現人多族大的「大姓」。當生存競爭日趨激烈，為了壯大聲勢，沒有親緣關係的「同姓」會集合起來，建立「族祠」來祭拜內地的祖先，藉此凝聚向心力。甚至還出現好幾個姓的「聯宗」，集結成更大的勢力。

從家族與內地原鄉的關係以及祭祀祖先的方式，可以看出漢人移民在台灣落地生根的程度。有些商人只是來台經商，家眷都留在對岸；有些在台家族和內地的宗族維持良好的關係，甚至族人死後還遷葬內地。但大多數的漢人初到台灣時，雖然祭祖的對象是故鄉的祖先，然而經過好幾代以後，則逐漸改為祭拜最早來台拓墾的第一代祖先。

清代台灣村莊的組織

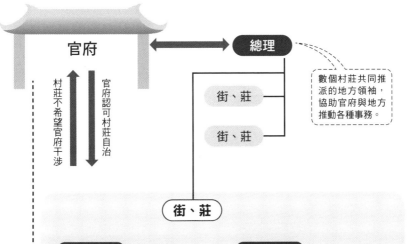

官府 ←→ 總理

村莊不希望官府干涉
官府認可村莊自治

街、莊
街、莊

數個村莊共同推派的地方領袖，協助官府與地方推動各種事務。

街、莊

領導階層

- **莊正、街正**：由鄉民推舉，是村莊和官方正式交涉的代表。

- **地保**：官府派駐在街莊的胥吏，就像地方警察，原則上不干涉村莊事務。

- **紳衿**：不在職的官員和取得頭銜的士人，對地方有很大的影響力。

- **族長**：宗族、家族的領導人。

- **耆老**：受村民敬重的長者。

- **業戶、管事、鋪戶**：業戶就是官方登記簿上的地主；管事是協助業戶收租的人員；鋪戶則是有資產的紳商。

村廟

祭祀神明是攸關全村安危禍福的大事，使得村廟演變成處理公共事務的中心。

村規族約

明文寫下共同生活的規範事項以維護村莊的安定便利，違犯者要接受審判處罰。

互助組織

- **神明會**：集資祭祀和飲宴，敦親睦鄰。
- **合會**：成員共同湊錢，提供給需要的人。
- **父母會**：替長輩送終時出錢出力的團體。

社會的秩序與變動

現代國家是在許多技術條件和整體環境的配合下，才建立起公權力與法制秩序。在此之前，傳統政府的威權非常有限，離開官府掌控的縣城，在廣大的鄉間只能仰賴社會自行管理，因此民間社會也逐漸運作出一套法則來維繫共同生活的秩序。

村莊、家族以外的社會群體

村莊和家族是一般人最基本的生活空間，同時也是維護社會秩序的基本力量。但並不是所有人都受到村莊與家族的約束，最明顯的例子就是失業的遊民。台灣剛開發時，由於條件優越，吸引了許多內地的失業人口。這些人到台灣後，如果不能定居下來、融入地方社會，就會游離出家族鄰里與村莊的範圍，遊走各地尋找工作。這些被稱為「羅漢腳」的人們，由於貧困、一時失業，容易偷雞摸狗，淪為盜賊，從而構成社會不安定的根源之一。

在血緣與地緣的連帶之外，清代的台民還依循各種社會經濟的關係，組成不同的群體。比如每個人的原鄉祖籍就是界定身分認同的重要根據；另外也有人組成「祕密會社」。因為漢人在台灣不像在故鄉可以獲得家族或宗族的支援；為了處理人生的各種意外和婚喪喜慶的開銷，經常組成團體彼此幫忙合作來渡過難關。這在邊疆新墾區是常見的現象，也發揮社會福利的功能，並不一定有政治目的。這些民間團體約束自己的成員，帶來歸屬的安全感，彌補村莊、家族與官府的不足。然而這些團體往往各自劃分勢力範圍，對內保護成員、抵抗侵凌，或團結對外、欺負別人，引起社會的不安。

良民與盜賊的相對界限

雖然清代社會的動亂頻繁容易吸引後人的注意，但這些並非當時的社會常態，許多社會文化的機制與潛在力量仍然維繫著社會的穩定發展。不過，台灣終究不像內地歷史悠久，因此中國傳統的社會與文化機制的影響有限，盜匪與良民的界限也比較模糊。良民偶爾會打劫，「羅漢腳」拿起鋤頭就是佃農，也能努力耕田。「犯法」只是相對於官府的法律來說，雖然打打殺殺不是生活的常態，但發生利益衝突與爭奪時，在無法和平解決的情況下，不顧性命地直接訴諸武力，或以強凌弱、或以小搏大，也是當時社會生活的真實面貌。

海盜與盜賊

海盜不但走私偷渡，甚至攻打港口；盜賊則藏身在官府控制不及的偏遠地帶。

失業遊民

成群結隊四處遊走，以乞討和打劫為生，社會秩序的隱憂。

原住民抗爭

遭受漢人壓迫或官府使役時的反抗；但大規模的集體叛亂較少，不構成政權的威脅。

抗官民變

主因是貪官污吏的剝削和不當施政。但有的民變沒有政治目的，是從其他動亂演變而來。

社會動亂的類型

秘密會社

內部互助的團體反而增長民間自力救濟的風氣，動輒號召同伴以衝突來解決爭端。

分類械鬥

不同群體依各自的認同及利益關係所引起的爭鬥，其中最常見的是不同祖籍間的衝突。

大姓械鬥

地方上的大家族為了鞏固勢力、擴張利益，糾結同姓與同鄉的人群相互爭鬥。

漢人的族群分布與衝突

在清代，當在台漢人彼此詢問對方的故鄉時，每個人都會舉出對岸的祖籍。其中最常出現的答案就是：「閩人」（來自福建南部）和「粵人」（出身廣東的客家人）。由於來自閩南的人口較多，還可以再細分為「漳州人」和「泉州人」等等。原鄉祖籍也是當時漢人建立身分認同和社會關係的主要依據。

聚居與分布

原鄉祖籍不但是當時漢人辨識身分、確認親疏關係的基本標準，也是台民在家族與村莊之外開展社會關係的重要基礎，同時也是選擇居住地點時的重要考量。因為漢人男子渡台多是單身，很少舉族遷移，來到人生地不熟的陌生地方，只能投靠同鄉，久而久之，同一村莊裡的居民大都來自相同的原鄉。而且來台的移民往往也帶來家鄉獨特的風俗習慣、特別信奉的神明和特定的說話腔調。這些文化上的因素，有時根深柢固，將來自不同地方的人群明顯區隔開來。於是在社會與文化條件的作用下，廣大鄉間的村莊大抵是按照祖籍分成各自不同的勢力範圍。

區隔和合作

族群區隔是當時社會的基本分類，這個現象反映在很多方面。比如在科舉考試的名額分配中，「閩籍」的數目就比「粵籍」多。另外從福建調遣來台的官兵，內部也有「漳人」和「泉人」的派別。不過在日常生活中，各族群間彼此通婚、交友的來往也是常態。而且經濟上的合作也是無法避免。當時不同祖籍的漢人移民會聯手開拓新的土地；由於經濟動線呈東西走向，各種物資從山區、平原輸出到沿海，或是反方向流通的運送過程中，不同族群的人必須相互接洽，甚至發展出相輔相成的關係。

分類械鬥的現象

不過，清代台灣的族群關係中，最引人矚目的現象還是分類械鬥。其實，廣義的分類械鬥不只發生在族群之間，挑夫搶生意的競爭、不同戲班的樂師之間的衝突，乃至地方大姓的勢力摩擦等都會引起成員刻意區隔彼此身分的不同，以強化對所屬團體的認同。而在各種不同的分類中，涵蓋面最廣大、動員力量最強的正是祖籍的分類，它甚至還具有增強其他衝突的動能。比如當地主和佃農分屬不同的族群時，雙方就特別容易破壞契約，進而引發族群爭議。這時期的分類械鬥以集體行動為主，有時一場械鬥事件可以長達好幾年，所以並不是個人一時衝動所造成。

晚清台灣漢人族群分布圖

下圖是日治時代調查漢人原鄉祖籍的結果，它透露出清代台灣的族群分布有特定的現象，即粵籍的客家人大致定居在丘陵地帶；泉州人則住在離海岸最近的地方；漳州人則處於兩者之間的平原。

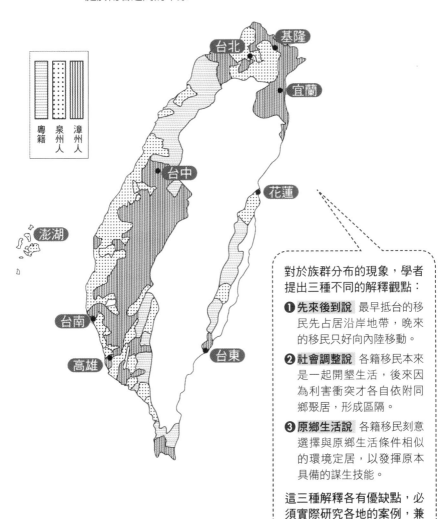

粵籍　泉州人　漳州人

對於族群分布的現象，學者提出三種不同的解釋觀點：

❶ **先來後到說** 最早抵台的移民先占居沿岸地帶，晚來的移民只好向內陸移動。

❷ **社會調整說** 各籍移民本來是一起開墾生活，後來因為利害衝突才各自依附同鄉聚居，形成區隔。

❸ **原鄉生活說** 各籍移民刻意選擇與原鄉生活條件相似的環境定居，以發揮原本具備的謀生技能。

這三種解釋各有優缺點，必須實際研究各地的案例，兼顧地方的差異性與時間的演變，才能釐清這個問題。

有人認為這是台民生性好鬥使然，但不同族群間的緊張關係，並非台灣特有的現象，在內地的華南地區也有類似的鬥爭衝突，甚至還更嚴重。因此台灣的分類械鬥也可說是內地社會文化的延長和變相。儘管台灣在清代兩百多年的歷史中，族群相爭的現象始終存在，但在大部分的時空裡，絕大多數的台民還是相安無事，過著自己的生活。

利益的衝突與調解

如果想要了解台灣本地分類械鬥的原因，還是要從漢人移民開墾的過程中去探尋。隨著漢人在台勢力逐漸擴張，當來自原住民的外在威脅減弱時，漢人內部共同生活的摩擦就逐漸浮出檯面。祖籍、姓氏和派別的分別並不必然引發械鬥，主要的原因還是生存資源的競爭。因為械鬥的起因往往涉及土地和水源的糾紛，過程中更經常伴隨著焚燒和搶劫，勝利者大肆掠奪戰利品，而落敗的一方可能家破人亡，甚至走避遷移。因此，衝突的背後所涉及的勢力消長和利益，才是主要的動機。

利益的爭端在任何社會都無法避免，但如果有良好的調解機制，或許能夠開創出比較穩定的公共領域。但台灣終究是新開發區，官府的仲裁、傳統社會文化的機制都比較薄弱，一切只能靠民間社會在嘗試錯誤中摸索，最後還是強者為勝的邏輯占了上風。從這個角度來看，直接衝突其實也算是解決問題的一種辦法，不過卻讓社會產生許多深刻的裂痕，對長遠的發展投下不利的影響。

誰得利於族群關係的惡化？

不只原住民內部的族群各有不同，漢人內部也因為原鄉祖籍而壁壘分明。這種族群錯綜複雜的情形，雖然讓統治的地方官非常頭痛，但每當發生動亂時，官方經常也毫無顧忌地利用原有的族群矛盾來互相牽制，以達到回復安定的目標。這種做法反而更加深各族群原有的敵意。

分類械鬥逐漸擴大的成因

113

邊疆移墾社會中的婚姻與婦女

在世界上許多的移民社會中，男多女少是常見的現象。台灣也不例外，從十七世紀以來，來台移民也以男性為主。早期的聚落中往往聚集數百名男子，卻只有少數幾戶才有完整的家庭。性別比例的懸殊影響到社會的各個層面，而且經歷很長一段時間才逐漸趨於平衡。

特殊的婚姻型態

漢民族非常重視傳宗接代，認為結婚生子乃是天經地義的義務。這種文化觀念隨著移民男子來到台灣後，很快面臨到重重困難。因為清廷最初只允許男子單身來台，使得漢人女子相當稀少，造成性別比例嚴重不均。事業有成的男子只好回原鄉成親，而後再讓妻子偷渡來台。也因為台灣的女子稀少，女方家長往往索求高額聘金，才肯嫁賣女兒。這不但使得貧寒男子無力負擔聘金而未能娶妻，適婚年齡的女子也因為父母待價而沽、遲遲未能出嫁。在這種社會情勢下，因而出現了一些與傳統不同的婚姻型態，進而影響了兩性的相處模式。

傳統上，正式的婚姻要遵守禮俗，男女雙方無須訂立契約。變例婚姻卻不按照禮俗進行，反而要簽訂婚約書，明文規定許多涉及權益的條件，像是家族繼嗣、財產分配的權利義務等。在這種婚姻型態中，女方家庭往往占有優勢，經常以酬勞交換男子的勞務，要求男方前往女方家居住以增加勞動人手或代為經營家產；但夫妻雙方基本上仍維持男尊女卑的傳統規範。對於貧困男子來說，雖然這可以省下巨額的聘金，但由於男方的社會地位將因此下降，所以也是不得已的選擇。

拓墾社會下的婦女生活

從經濟利益考量而改變的婚姻型態中，就可以了解在清代台灣，農業拓墾是最重要的歷史動力，這一點也影響到台民婦女的生活。儘管開闢荒野看似是由男性主導的活動，但實際上如果沒有女性的分擔和參與，漢人社會根本無法成立。台民婦女不但和男子同樣面臨開墾生活的各種挑戰與危機，也有自己獨特的經驗、感受和表現。尤其在家族發展的過程中，母親經常肩負起延續家業的職責；在丈夫過世之後，更要努力維持生計，婦女因此也擁有比較多的機會施展才能。

另一方面，由於赴台謀生的移民大多出身於社會基層，比較沒有機會接受中國傳統文化中維持家族秩序的「禮法」薰陶，加上移墾社會以實務與現實利益為優先，使得台灣的兩性關係和內地社會略有不同，夫妻間的相處也比較沒有拘束。

正式婚姻

聘金

清代台灣的婚姻非常重視聘金。由於漢人女子稀少，更助長高額聘金的風氣。可是聘金高並不代表女性的地位高。在一般人眼中，養女兒仍然是不划算的投資，因此也有溺殺女嬰的事情發生。

清代台灣婚姻型態

變例婚姻

招出

最接近正式的婚姻，女方入住到男方家庭，但明文規定要求男方在繼承、扶養子女和喪葬祭祀等方面履行若干條件。

招婿

當女方家中無男性子嗣時，讓女兒招納男子來家中同住，成親傳宗接代，以延續女方家的祭祀，或協助經營家業等。

招夫

丈夫死後，寡婦仍留在夫家，但招納其他男子為夫，原因和招婿差不多，但因為違反所謂的「貞節」觀，招夫的寡婦往往遭人輕視。

養媳

從小收養別人的幼女，等女孩成長到適婚年齡後，再與自家的兒子婚配。這種婚姻有金錢賣斷的性質，而且有許多現實的考量。

養婿

從小招養別人的兒子，和自己的女兒成婚，是結合招婿和養媳的辦法。

納妾

妾是男子正妻以外的配偶。這種婚姻有強烈的買賣性質，成為妾的女子多出身於貧困人家。妾因為地位低，可能被再度轉賣。

大家族的發展

中國傳統社會非常重視家族的綿延存續，一個大家族的出現需要經過幾代人不斷努力，歷經數十年乃至上百年才能達成。然而清代台灣社會變遷迅速，家族財富的累積與流失都非常快速，不容易培養屹立不搖的大家族。直到晚清，台灣才浮現出一些特別重要的家族，其中以霧峰林家和板橋林家為最突出的代表。

豪紳：霧峰林家

霧峰林家的祖先在十八世紀中葉單身來台，由於勇敢冒險、深入官府管轄不及的中部邊區，憑著占墾原住民的土地而致富；後來卻受到民間亂事的牽連，家業瀕於瓦解。但林家的下一代很快又站穩腳跟，在生存競爭的環境中孕育出豪強尚武的氣質，成為在地大族，並召募地方武力加入官兵平亂，開啟林家走向仕宦的道路。

林家長於軍事才能，在協助清廷平定亂事時表現傑出。儘管林家踏入官場，卻仍然不脫草莽性格，沒有學會官場中進退趨避的道理，因而和福建、台灣的官員迭起衝突，屢次遭到陷害。另一方面，在十九世紀以後，拓墾歷史較久的中、南部開始出現據地稱雄的大家族。這些大家族往往互相牽制、衝突，可是林家宦途平順，進而獨霸中部地區，卻因為過度打擊世仇家族，破壞地方大族間的均勢狀態，引起清廷和地方官的忌諱，其他家族也聯合官方一起報復。

於是在官方的壓制與對手的抗拒下，林家遭受重大打擊，幾乎傾家蕩產，才保全了家族。林家經此重挫後，更重視和官方以及與地方關係的合諧，終於在日治時代成為全台眾望所歸的領袖，在台民和平爭取權利的運動中，貢獻深遠。

商紳：板橋林家

板橋林家的祖先是個讀書人，在十八世紀後半來到台灣教書。來台的第二代以販運淡水河流域的稻米致富後，廣泛經營各種事業，並向官府捐錢買官，步入宦途。板橋林家來台不到四十年，就能夠經商致富並取得官位，這種成就在台灣史上極為罕見。

十九世紀以後，板橋林家經營投資北部和宜蘭的土地，向佃農收取地租，經營米行；並且投資碾米的「土礱間」，兼營從事農村借貸放款的業務，掌握農村的資金流向，使得林家金融事業的版圖更為擴大。板橋林家奠定士紳地位後，與官府維持良好關係成為家族的一貫作風，經常出錢協助官府募兵、築城來穩定政權，以換取官府的保護和利益。板橋林家為表現高人一等的優越感，更廣泛和內地的大官

結交聯姻，絕少和台灣的大家族通婚。

然而與霧峰林家相似，板橋林家也出現過危機，曾經因為捲入北台灣劇烈的漳泉械鬥而被官府查辦。這是因為當時械鬥引起嚴重的社會動亂，已經超出地方官府所能庇護的範圍。而且板橋林家身為全台首富，不斷遭到官方的需索，終於超出板橋林家「投資」官府、「交換」保護和利益的限度，使得林家一度避居廈門。官方最後只好許諾以更龐大的利益交換，林家領導人才返台配合官方的「開山撫番」政策，從事茶樟貿易，讓林家的產業再度擴增。

台灣家族的面相

政治、經濟

增強經濟實力

投資土地、經商和仕宦是擴展家業的主要管道，但各家族偏重的取向和組合不盡相同。不過，掌握時勢脈動乃是不二法門。

提升社會地位

大家族主要透過買官來取得士紳資格，進而享受庶民沒有的法定特權，再以此特權鞏固資產、擴大家業。

雙邊投資的策略

大家族在面對政權更迭以及社會上不同勢力相爭時，經常同時結納兩股敵對勢力以自保，不會孤注一擲。

社會、文化

家族與地方的關係

家族中一旦有人晉身為士紳，自然在地方上舉足輕重；且在地方上擁有資產的家族，更無法置身於公共事務之外。

家族之間的關係

家族間互相競爭利益，也謀求容忍共存、彼此通婚。甚至聯手合作，一起進行經濟開發事業。

收養異姓養子的風氣

由於開墾需要勞動力，在台漢人家庭經常收養異姓為養子。這種做法違背儒教禮法，和內地社會差異很大。

漢人的宗教信仰與民間社會

宗教信仰大體上和超自然、神聖的另一個世界有關。人不需要走進廟宇才能沐浴宗教的氣息，在家庭中祭祀祖先或心裡頭害怕有鬼，也都籠罩在鬼神的神祕氛圍中。不過，宗教信仰和現實也有密切的關係，清代台民的宗教信仰，反映出當時人的社會處境和心靈的想像。

三教合一的風潮與新興宗教

在中國史上，明清時代流行三教合一的潮流。三教合一是指這時代的儒、釋、道三教不再計較彼此的異同而互相攻訐，反而援用彼此的思想教義和禮儀規矩。這種趨向也反映出宗教的趨勢，從追求超越人世的崇高目標，轉向民間的世俗社會。宗教與社會生活的距離日漸縮小，教義更加簡便易行，人人都可以在日常生活中親身力行，於是更增加普及的幅度。這些宗教多以勸人向善為目標，對整個社會教化與安定秩序也發揮相當程度的影響。隨著移民先後傳來台灣的宗教思潮正屬於這個大背景的支流。

在明代後期大量湧現的這些民間宗教，有個特色是他們自創稱為「寶卷」的經典，裡頭用通俗語言和文學形式，將玄妙哲理化為民眾容易接受的道理。其中最受台民歡迎的宗派是齋教和儒宗神教，直到今天都還可以發現它們的蹤跡。

保平安為主的民間信仰

與這些有傳承和義理的教派不同的是以建立個別廟宇、奉祀特定神明為中心的民間信仰。漢人渡海來台，往往隨身攜帶家鄉廟宇的香火、神像和香爐，做為神明的分身；等定居下來之後，就在聚落中建廟祭祀；當廟宇的規模逐漸擴充，吸引了周遭居民前來參拜，最後成長為地方信仰的中心，發揮著團結社群的功能。

建廟祭祀的目的其實就是「保平安」，因為移民是項冒險活動，經常面臨各種未知危險與窘迫處境：乘船出海，不知能否平安上岸；到了陌生環境，不適應當地風土，容易感染疾病；在拓墾過程中，原住民也威脅著漢人的性命；漢人間的殘殺更增添橫死的冤魂。因此在深深相信鬼神是與人們在一起的靈異氣氛下，台民經常祈求鬼神幫忙渡過生活難關，祭祀活動成為精神生活的重心。因此從台民向神明祈求保祐的事項，或神明具備的特定法力，就可以了解台民生活的內涵。雖然常有人批評這種民間信仰缺乏深刻的精神意涵，但其實有歷史上的成因。

台灣民間最受漢人崇拜的神祇

最常見的神明

（福德正神）俗稱土地公，神格最低卻最有親和力，代表漢人農業勢力擴展的界限。

（孤魂野鬼）台民認為無人祭拜的孤魂野鬼會引起社會不安，因此特別重視。

（瘟神）台民敬稱瘟神為「王爺」，「千歲」也屬於這個系統，敬畏瘟神顯示出台民面對疾病威脅的態度。

反映社會功能的神明

（觀音菩薩）由於齋教滲透民間，齋教所崇敬的觀音菩薩超越地位更高的釋迦牟尼佛祖，廣受民眾參拜。

（天上聖母）即媽祖，從荷蘭時代就伴隨漢人渡海來台，庇祐移民通航平安，與台灣發達的漁業、貿易、海運有關。

（關聖帝君）即關公，由於維持交易信用需要仰賴神明的約束力量，因此講義氣、守信用的關公就成為商務之神。

> 這些神明常會從單一功能擴大為多重功能，以順應台民社會的需要。

個別族群崇拜的神明

（三山國王與義民）三山國王是客家人的保護神，義民則屬於孤魂野鬼，因為客家人協助官方平定亂事，殉難的人被封為「義民」，後來成長為客家族群的信仰中心。

（保生大帝）泉州同安縣人的保護神。

（郭聖王）又稱為廣澤尊王，泉州人的保護神。

（陳聖王）又稱為開漳聖王，漳州人的保護神。

（清水祖師）安溪縣移民的守護神。

> 這些神明通常還具有醫療上和抵禦原住民侵犯的功能，因為這兩項是漢人移民普遍遇到的問題。

宗教信仰的文化意涵

宗教信仰有特定的社會功能，神明世界也反映人世現象；但宗教信仰不只如此而已，它是一種文化，是當時人用來了解世界、賦予意義和行動的思想泉源。比如當漢人與原住民相爭時，他們也都相信各自信奉的神明會在天空中鬥法，而且將會施展法力來助信徒一臂之力。就算漢人占有優勢，對原住民的神靈同樣心懷畏懼。所以當「番婦」施展「作向」的巫術時，漢人也認真看待，請來乩童唸咒對抗。

從漢人與原住民都相信神明的力量這一點可以看出雙方其實有共通的心理基礎。在漢人的分類械鬥中也可以發現類似的情形。每當發生衝突時，不同祖籍的漢人常常在信奉的寺廟前集合誓師、祈求庇祐，然後向對手的村莊進軍；獲勝返回後，再向神明表示感謝，並祭祀死難的夥伴。落敗的一方則會帶著神明遷移到他處避難。如果戰敗者的神明留在原地，也不會被刻意破壞，好一點的結果是被收編到勝利者的寺廟，最壞的下場則是香火稀少、逐漸沒落。這也說明漢人宗教信仰有很強的彈性和包容性，只要能夠「靈驗」和「保祐」，幾乎沒有界限。

西方宗教的傳入

到了晚清，基督教和天主教憑藉著西方文明的優勢傳入台灣。有一些接受基督信仰的家庭，在當時和日治時代都有非常突出的成就和發展。傳教士基於關懷弱勢者的傳統，也推動了多項社會福利、醫療和女子教育等，連帶傳播西方的價值觀，為晚清的台灣帶來許多建樹。從傳教士的眼中還可以看出台灣開港後漢人的精神面貌，傳教士認為漢人的俗世性太強烈，只關心錢財與生活舒適，對於靈魂、道德原則和另一個世界，往往毫無興趣，這種性格讓傳教士深感挫折，也反映出晚清台灣經濟起飛時漢人的社會心理。

和荷蘭時代的傳教士教導原住民以拉丁文書寫語言一樣，教會在清末也開始以羅馬拼音的方式，教導台民將閩南語寫成文字。教會並且以這種「白話字」編寫字典、翻譯聖經，甚至使用在教會的刊物上，長達八十多年，不但有力地推展教務工作，更豐富台灣文化的內容。

宗教信仰與社群緊密結合

在清代台灣的鄉間，即使是最小的土地公廟也有各種定期的宗教活動。這些活動常常不是個人或家庭的事務，而是整個聚落共同的大事。每個家庭都有義務參與，一起出錢出力。這些活動也促進聚落成員彼此協調，強化社會凝聚與動員的能力。

清代在台主要宗教

道教

道教信仰的元素普遍存在漢人宗教之中，代表人物如：道士、乩童、法師。

台灣的道教和傳承已久、有體制的正統道教不同，因為鄰近盛行巫術的嶺南地區，所以比較重視具生活效用的法術。道教信仰不但滲透到佛教與齋教，也被民間信仰大量吸收。漢人的生命禮儀和廟宇的儀式都有道教影響的痕跡。

齋教

與佛教非常接近，但更富有民間色彩，信徒稱為：菜友、菜公、菜姑。

齋教可說是通俗的佛教，主要的特色是素食。信徒不必剃髮出家，不必穿著法衣，非常簡便易行。齋教的支派很多，曾經廣為流傳，至今台灣各地仍可發現信徒禮佛誦經的「齋堂」。

佛教

信仰融入生活，以士人和庶民在家修行為主，出家的僧侶比較少。

明清時期正當佛教勢力衰退，僧人來台弘法也缺乏組織性的力量。當時的教派主流是禪宗和淨土宗，前者提倡宗教即生活，後者主張專心念佛，都是簡單易行的法門。到晚清時全台已有一百多座純佛教的寺廟，奠定日治時代獨立發展的基礎。

儒宗神教

由文人主導，是儒家信念與修養工夫宗教化的產物。

以扶鸞降筆和發行善書為主的宗教。扶鸞降筆是請求神明附身在信徒身上，由他代筆寫下神諭。晚清以降，地方士紳常藉此活動協助戒絕鴉片，影響很大。刊行的善書則記載善惡報應、因果輪迴的民間故事或闡述道德的文章，歷久不衰。

天主教及基督教

對晚清的台灣社會投下許多變化，成就不少特殊的事業。

清朝開放通商之後，歐美各教派也先後派遣傳教士來台。剛開始時，遭遇到許多阻力，但傳教士努力不懈，到清末時，全台已有一〇三所的教堂，教民也超過三千人。

庶民文化

清代的台灣，大多數人都不識字，也不像現代社會充斥著大量的文字與影像。在一般人的精神生活中，宗教信仰扮演著關鍵性的角色，而在比較世俗的文化中，口耳相傳的是各種民間文學，像是故事、歌謠、笑話和諺語等等。在日常的生活和工作之外，逛廟會和看戲則是最吸引人的休閒娛樂。

寓教於樂的民間文學

清代的台民是處在一個沒有電視、電影、報紙和雜誌的世界裡，想要了解當時一般人的精神生活，就需要從口述傳統中挖掘出庶民文化的內涵。口述的內容可能是一則民間故事、反映社會生活的諺語，或琅琅上口、容易記憶的韻文歌謠。尤其是歌謠，甚至還是官方教化不識文字的庶民的主要工具。

民間文學同時兼具娛樂與教育的效果，裡頭傳達許多像是忠孝節義等中國傳統的基本價值，讓聽故事的人在娛樂過程中，自然而然學習到人生的道理與教訓。這些作品因為經過文學的包裝，往往饒富趣味，後人也可藉此了解清代台民生活中的喜怒哀樂以及常民的心願與想像。

民間文學源自人類的日常生活，世界各地的作品在形式與內容上常有相近之處，甚至跨越文明，展現人類經驗的共通性。另外，來台漢人大多來自華南，也有不少故事其實是從內地傳來。不過每個人在聽故事與說故事的過程中，或多或少會添加自己的經驗和理解，留下改造的痕跡，因此許多故事也呈現出台灣的風土民情。

廣泛流行的戲曲表演

中國從明清以降，戲曲就是庶民娛樂的重點。漢人移民渡海來台，也從家鄉帶來各種盛行的戲曲種類。就像每個人都可以說故事一樣，演戲也不是少數人的專利。在傳統社會中，每個人都有機會創造文化，增添自己的一點貢獻。當時雖然有走紅的專業戲班，但村莊中也有許多民眾自發組成業餘的團體，讓男性青年練習唱戲，並在地方上的喜慶宴會中登台表演，製造出「熱鬧」的氣氛。看戲不但是社會各階層共同的娛樂，也是宗族和村莊的社交場合，連平時比較少出現在公共場合的婦女，也因而獲得

民間文學與歷史

歌謠、俗諺與民間故事的研究稱為民間文學，研究者必須親身走訪地方，訪問年邁老者，請他們訴說鄉野的傳奇，再將口語轉錄成文字。雖然這些內容不免因為時間的流逝和人的層層傳遞而變形，但其中依然保留許多的歷史記憶，折射相當多的歷史真實，在抽絲剝繭後，能夠發掘出過去生活的鮮明面貌。

観賞遊覽的機會。

全村同樂的廟會活動

最常搬演戲劇的場合其實是神佛的誕辰和宗教節慶。在村莊的寺廟前往往會搭建舞台，吸引居民前來觀賞。對於整年辛苦工作的台民來說，每個月份的宗教活動帶來的變化，調節了勞動生活的節奏。這些慶賀神明的日子，其實也是村民慰勞自己的機會，大家會一起出錢出力，準備豐盛的餐點祭祀，然後犒賞自己。在各式各樣的廟會活動中，宗教的氣氛與世俗的歡樂不相上下。不但親朋好友藉此機會互相探訪，農村以外的人士，如小販、雜耍也從四面八方前來，帶給村民新鮮的刺激。

清代台灣的流行戲曲

南管

流行最早，精緻文雅，和基層民眾距離較遠，內容以描述愛情為主。

九甲戲

吸收不同劇種的內容，兼具演唱和動作，符合廟會熱鬧的氣氛。

亂彈

曾經是台灣民間最盛行的傳統戲劇，被視為最隆重的劇種，用於正式的場合。

四平戲

曾盛行於桃、竹、苗一帶的客家山區，內容緊湊、場面熱鬧。

歌仔戲

唯一發源於台灣的戲劇，最早由農民自唱自演所形成。以閩南白話表演，取材通俗，容易流傳。

第 7 章

日治前期與總督府的統治

十九世紀末，日本開始從後進國家中脫穎而出，不斷透過侵略與戰爭擴張殖民領地，吞併周邊地域，掠取大量資源，將母國建設成現代國家。台灣不但是日本的第一份戰利品，也是日本茁壯的幫手；台灣更在日本的治理下，在二十世紀東亞各地先後從傳統邁向現代的歷史階段中，在先進地帶中占有一席之地。但日本終究是異民族的統治者，台民對漢民族的身分認同始終清楚。除了總督府的殖民統治不斷激起台民的反抗外，現代國家的政權體制更對台民所習慣的傳統社會與生活造成許多破壞。但台民在苦痛中適應，在通往現代社會的道路上逐步前進。

學習重點

中日兩國在甲午戰爭前後有哪些歷史變化？

台民為何抵抗日軍接管？

台民抗日的意涵究竟為何？

總督府治台的型態和清廷有何不同？

日治下的台灣在法制上有什麼轉變？

總督府的財政收支有哪些特色？

日本統治台灣和歐美治理殖民地的作風有何不同？

日商的資本主義企業如何在台攫取龐大利益？

總督府對待原住民的做法有哪些新時代的特徵？

甲午戰爭的始末

十九世紀中葉以降，中、日兩國先後遭受西方列強衝擊，紛紛致力改革，追求國家安全。由於當時流行生存競爭與優勝劣敗的觀念，歷經明治維新、國力提升的日本也積極向外擴張，並以中國為對手，準備奪取東亞世界的盟主。

戰爭的源起、過程和結果

當日本規劃出南進和北進兩大路線，台灣與朝鮮首當其衝成為日本伸展勢力的目標。日本先對台發動牡丹社事件，接著迫使朝鮮開放與日通商、並介入朝鮮政局，和朝鮮宗主國清朝的摩擦也日漸增加，最後演變成一八九四年的甲午戰爭。

戰前西方各國一致看好中國必勝，但沒想到日本軍隊節節勝利。陸軍攻入遼東與山東半島，威脅首都北京；而且日本為了在和談中增加談判籌碼，先襲擊殲滅清廷的艦隊，並在南方開闢第二戰場，祕密占領澎湖。日本大獲全勝，要求清廷簽約割讓台灣、澎湖和遼東半島。但日本的擴張引起西方列強和俄國的疑慮，各國為保持在華利益均衡，聯手迫使日本放棄遼東半島。

清廷雖然戰敗，但舉國主張再戰，反對議和，光緒皇帝也不願放棄台灣，但由於和日本談判的大臣李鴻章極力主和，最後無奈接受和約，用贖款買回遼東半島，割讓台灣與澎湖，換取日軍退出東北以確保首都安全。日本因而獲得第一個殖民地。

甲午戰爭的歷史影響

甲午戰爭不僅驗收日本與清朝改革的成果，更是歷史發展的分水嶺。清廷戰敗後，中國的漏洞在列強前暴露無遺，國內也激起一波更激進的變法與革命，最後清廷終於在內外各種勢力的交逼下，於一九一一年宣告結束。日本則是積極向外侵略，在取得台灣後，努力購船造艦，擴張軍事與經濟的海權，向海權國家邁進；後來更擊敗俄國，在滿洲建立勢力範圍，進而吞併朝鮮，並在中國發生辛亥革命的同一年，廢除所有不平等條約，成為唯一非白人的殖民強權。

戰爭的連帶作用

近代以來，歐美各國因利益衝突，往往以戰爭來解決爭端。雖然戰爭花費龐大，但以戰養戰反而可以擴充國力。一旦獲勝，戰敗國的賠償與讓渡的權利，反而讓勝利者有利可圖。戰爭不但促進國內經濟擴張，整個國家都因為軍事動員，進而開發了社會各方面的潛力。日本的向外擴張與國內建設正是走上了這一條路。

甲午戰爭前後五十年的中日發展

日本 | | 中國

十九世紀中葉 西方勢力入侵

日本
- 美國迫使日本開放通商。
- 幕府被推翻，建立天皇國家的體制。
- 統治菁英竭力仿傚西方的軍事技術及制度文化。

中國
- 英國發動鴉片戰爭，迫使中國開放通商。
- 直到發生太平天國的內亂，才開始推行自強運動，改革的過程艱辛緩慢。

1894年 甲午戰爭

日本
- 先後擊敗中俄兩國，取得台灣和朝鮮，成為亞洲的殖民帝國。
- 和英國訂約，結成平等的軍事同盟。

中國
- 清廷戰敗後，列強積極攫取在華的利益。
- 留學生大量東渡日本，學習西方新知。
- 革命黨人謀求以武力推翻滿清統治。

1911年 東亞新局面

日本
- 第一次世界大戰期間，趁歐洲各國忙於戰爭，大舉擴張亞洲市場。
- 對德宣戰，奪取德國在亞洲以及中國的利益。

中國
- 革命黨人推翻滿清，成立中華民國。
- 政局紛亂，社會經濟惡化，文化思想卻相當蓬勃。

1919年 中日關係惡化

日本
- 在一次大戰後的和會中，有意繼承德國在華的利益，並積極在中國部署勢力。

中國
- 發生五四運動，激烈抗拒日本在中國伸張勢力。
- 中國排外的民族主義日益高漲。

1931年 中日開始備戰

1937年 中日全面作戰

日本
- 入侵滿洲，成立傀儡政權，並為此退出國際聯盟而陷於孤立。
- 企圖擴張海權，但遭到美國牽制。

中國
- 日本入侵滿洲，引發中國仇日的情緒，逐步蘊釀成兩國的全面戰爭。
- 蘆溝橋事變爆發，中國開始全面抗戰。

1941年 太平洋戰爭

日本
- 日本帝國達於全盛，幾乎占領亞洲一半以上的土地。
- 發動太平洋戰爭，引發美國參戰，最後戰敗，喪失一切海外領土。

中國
- 牽制日軍的軍力，傷亡慘重。
- 造成社會經濟嚴重惡化，影響戰後政治勢力的重整。

日治前期的鎮壓與反抗

清朝與日本為了朝鮮引發的戰爭演變成割讓台灣，讓台民訝然悲憤。在條約簽訂後，台灣士紳體認到清廷已經無能為力，於是成立民主國，企圖以經濟利益引誘列強干涉以免於日本統治。但這個外交方案最後仍舊落空，各國限於國際規範與利益考量都未介入，逕由日本接管台灣。

保衛家園的抗戰

日本在甲午戰爭中大勝，但低估台民抵抗的意志，使得接管台灣的過程一再出乎其意料之外。首先是民主國的成立，原本讓日軍估計雙方必有激戰，卻沒想到倉促成立的民主國各自為政，領導官員多不戰而逃；正規武力非但不堪作戰，反而劫掠台北，使得台北紳商邀請日軍進駐以穩定秩序，保障身家財產的安全。日軍因此順利接管台北地區。

隨後當日軍志得意滿南下，卻在中北部遭到猛烈抵抗。因為這一帶是過去一個世紀以來才積極拓墾的地方，當地的商紳地主和地方豪強都擁有強大的私人武力與原住民抗衡。如今為了保衛家園，轉而對抗日軍。這些地方游擊勢力很少和日軍正面衝突，或展開大規模的會戰，而是利用地形，不斷在村落巷弄間發動偷襲詐降的零星戰鬥。由於有不少婦女、兒童參與保衛鄉土的戰鬥，因此日軍很難辨識出非武裝的人員；日軍在多次被伏擊之後，開始不分男女老幼進行殘酷的屠殺。最後終於憑藉優勢武力，一路南下，進駐台南，宣布結束軍政，在台北成立的總督府成為統治台灣的最高機關。

總督府與地方游擊勢力的抗衡

然而，在日軍接收台灣大致底定後，南北各地卻隨即出現長達數年的游擊抗戰。這些地方的抗日勢力在清代跟官方的關係就不合諧，具有抗拒政權管轄的傾向。加上總督府有意建立現代國家的全面統治，更觸犯到他們生存的利益與習性。而且，在政權轉換之際，社會經濟動盪不安，生存條件惡化，雙方更難以建立政治隸屬的關係。

另一方面，日本過去沒有殖民的經驗，以當時的國力來殖民台灣是項不小的經濟負擔。日本國內對如何處置新領土的意見紛歧，台民的激烈抵抗也讓日本浮現放棄台灣、轉賣脫手的意見。但也有強硬派認為，應該將台民全數驅逐出境，讓日人全面移住。在台日軍抱持的正是這種想法，因而毫無忌憚地大肆屠殺台民，甚至引起日人中反對者的彈劾而引發政爭。

1895年日軍接管台灣路線圖

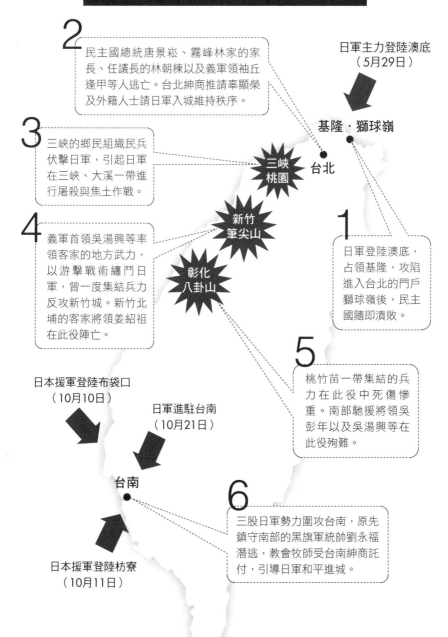

2
民主國總統唐景崧、霧峰林家的家長、任議長的林朝棟以及義軍領袖丘逢甲等人逃亡。台北紳商推請辜顯榮及外籍人士請日軍入城維持秩序。

3
三峽的鄉民組織民兵伏擊日軍,引起日軍在三峽、大溪一帶進行屠殺與焦土作戰。

4
義軍首領吳湯興等率領客家的地方武力,以游擊戰術纏鬥日軍,曾一度集結兵力反攻新竹城。新竹北埔的客家將領姜紹祖在此役陣亡。

日軍主力登陸澳底
(5月29日)

基隆·獅球嶺

台北

三峽
桃園

新竹
筆尖山

彰化
八卦山

1
日軍登陸澳底,占領基隆,攻陷進入台北的門戶獅球嶺後,民主國隨即潰敗。

5
桃竹苗一帶集結的兵力在此役中死傷慘重。南部馳援將領吳彭年以及吳湯興等在此役殉難。

日本援軍登陸布袋口
(10月10日)

日軍進駐台南
(10月21日)

台南

6
三股日軍勢力圍攻台南,原先鎮守南部的黑旗軍統帥劉永福潛逃,教會牧師受台南紳商託付,引導日軍和平進城。

日本援軍登陸枋寮
(10月11日)

日本最後決定改以民政為優先，不再相信軍人萬能，改由警察擔任維持治安的主要力量，扼抑軍人高漲的氣焰；並派遣優秀的行政人才後藤新平來台，逐步奠立總督府未來施政的基本架構；對抗日勢力不再只會趕盡殺絕，一面以利益交換誘降反抗者，配合欺騙誘殺以剷除後患；一面懷柔優遇耆老士紳來籠絡民心。在日本領台後八年，各地的激烈抵抗終於在總督府軟硬兼施下消逝。

最後一波的武裝抗日

日本治台十年後，總督府的統治局面已告穩定。但因為總督府的不當施政激起民怨，加上清廷滅亡的前後幾年間，民間宗教人士趁機宣揚新的「天命」來號召民眾，所以又發生新一波的武裝抗日。此時民眾叛亂的動機與型態和台民當初抵抗日軍接管的地方遊擊戰不同，比較類似過去清代期間「抗官民變」。其中雖然也有中國革命黨的成員發動抗日，但當時反清的領導人都很清楚，日本和海外的反清運動人士有許多牽連，而且中國國力不足，實在無法支援台民的反抗。

台民「抗日」的意涵

十九世紀以降，受西方列強殖民侵略的國家，逐漸萌生民族主義的意識。日本以異民族統治台灣，台民的反抗中也有這種性質。

然而，由於民族主義是台灣、中國與日本之間最糾結的問題，因此如何適切理解台民「抗日」活動的意涵，避免先民付出生命的犧牲遭到不當的曲解和利用，成為史家非常關心的問題。

從長期來看，台民的抗日運動以二〇年代為界劃分為前後兩大階段。台民在日治前期的反抗，從其宗教色彩、階級身分、民眾結合的方式以及訴求手段來看，都表現出中國傳統社會與文化的特性，也近似當時清廷治下的中國民眾對於西方外力入侵的反應，而和二〇年代、整個東亞走上現代啟蒙以後台民的反抗運動有很大的差別。

對於整個日治時代台民「抗日」的活動與意識，有些學者認為隨時代而有所變化，有些學者則認為根深柢固，而且始終心懷「祖國」（中國）。不同的歷史解釋也迎合不同的意識型態，有人認為台民抗日代表了「中國民族主義」；有人則試圖挖掘出「台灣民族主義」的起源。但無論如何，不計個人生死、抵抗外敵而犧牲的先民，值得後人永遠追念。

日治前期台民的抗日活動

第一階段
1895
抵抗接管

台民 民主國成立時，出身客家的丘逢甲召募台民組成「義軍」，中北部的客家人組織民兵響應，成為抗日主力，最後都犧牲生命。

日軍 派遣的正規陸軍掌握武器優勢，並動用海軍艦艇協同作戰，但因為水土不服，往往因疾疫而死亡或降低戰力。

第二階段
1895～1902
地方游擊戰

台民 在此七年間，全台各地襲擊日本官吏所在處的事件層出不窮。此時領導抗日的台民多為地方上有資產與有勢力的豪強，以簡大獅、柯鐵、林少貓最為著名。

總督府 後藤新平推行保甲制糾舉叛亂，以警察為主力來維持治安，誘降抗日分子歸順後，再予以殺害。據最保守估計，此七年間，鎮壓喪命的台民超過一萬人以上。

第三階段
1907～1915
一般叛亂

西來庵事件

又稱噍吧哖事件、余清芳事件。其中有宗教背景和「皇帝」、「天命」思想，事件為期近一年。日軍平亂中屠殺數千人，台民為之驚恐；總督府則訝異治台二十年後，竟還發生叛亂。

林杞埔事件和馬力埔事件

這兩起事件都是總督府為了協助日商發展產業，動員警察強制收奪農民的土地，引起農民反抗。林杞埔收購竹林的爭議事件持續十餘年。

武裝抗日中斷

總督府的政制和法制

明治時代的日本仿傚西方，施行君主立憲，讓行政、司法和立法分立，奠定現代政府與法制國家的體制。尤其立法權和司法權的獨立，對東方國家來說是非常重大的突破。但這套體制並未延伸到殖民地台灣，總督府大權在握，在台灣建立了現代的集權政府。

殖民地的定位

日本過去沒有統治殖民地的經驗。台灣是否要比照在明治時代才納入日本領土的北海道和琉球，定位為國內的普通行政區，直接歸中央管理？還是另外創建殖民地政府，讓它擁有彈性自主的權力？這個問題不但困擾著日本政府，最後的決定也深刻影響台灣與日本本土的關係。

由於台民激烈反抗，使得日本放棄原有規劃，接納在台將領的意見，授予他們廣泛的權力來鎮壓叛亂。日本國會於是制定「六三法」，將國會對台灣的立法權委託給台灣總督，由他來制定法律。從此台灣不完全受日本憲法所規範，總督府的施政可以不受帝國議會約束，只需要向天皇負責，並接受中央主管機關的監督和指示。而且在經過摸索之後，總督府體認到漢人身為異民族的特性，於是明確以「殖民地」來定位台灣，一方面學習西方強權經營殖民的經驗，另一方面在立法與施政上或寬或嚴，完全以方便統治、穩定政權為取捨。

總督的專制權力

六三法後來陸續修訂，更替為「三一法」和「法三號」。這三項法律逐漸縮減總督的立法權力，讓台灣與日本本土的法律內容逐漸走向一致，但是基本精神始終不變，也就是總督可以針對台灣的特殊情形來立法，不受日本比較健全合理的西方法理所規範。在總督府利用這項權力所制定的法律中，有很多都和鎮壓叛亂與經濟剝削有關。因此總督府被賦予的專制權力，到二〇年代成為台民爭取成立台灣議會和立法權來加以制衡的對象。

但這個願望始終沒有實現，整個日治時代台民只有充當總督顧問與諮詢的會議。而且儘管日本在國內推動三權分立，但台灣在司法權獨立和法官身分的保障上卻比不上日本本土，容易遭到總督府行政部門以及軍方的龐大壓力。不過在少數幾個例子中，司法專業人員仍然堅持審判獨立以及依法理偵辦刑事案件，顯示出日本司法文化的可貴。

現代化的集權統治

　　總督府還帶來一項重大的歷史轉變，就是國家權力從中央、地方伸展至鄰里，擴張到社會的角落。清代期間，官府對民間社會的權威始終有限。台灣從拓墾以來厚植的地方勢力，仍然是主宰台民的重要力量。但日本統治台灣，則已經進入二十世紀現代國家的建設階段。在諸多技術條件的配合下，日本在台建立徹底的政治威權和全面的法制秩序。貫串南北的鐵路、深入大鄉鎮的公路，隨時能載運軍隊平定亂事；行政、警政、衛生和教育機關平均設置到鄉的層級；透過郵政、電信、報紙、廣播等傳播手段，政令得以傳達到每個村落；在徹底清查土地人口並全面建檔後，政治權力的作為更可以直接下達到每個台民身上。

日本統治台灣的大勢

日本政情

天皇	內閣
明治時代（～1912）	**藩閥內閣** 屬於元老政治，內閣成員多出身於推翻幕府的藩士。
大正時代（1912～1926）	
	政黨內閣 進入政黨政治，隨不同政黨執政而更替內閣。
昭和時代（1926～）	
	軍人內閣 進入戰爭期，軍人掌權。

1895　1920　1945

對台統治政策

法規	總督身分	政策
殖民地特別法為主（1895～1922）比較重視統治的穩定，順應台灣民間的習慣，以維持秩序為優先。	**軍人總督** 便於鎮壓台民的叛亂以及節制在台日本軍人高漲的氣焰。	**綏撫期** 鎮壓叛亂。
		尊重舊慣 以維持社會穩定為目標。
日本內地法為主（1923～1945）配合實施同化政策，西化的日本法律大多施行於台灣。	**文官總督** 台灣局勢逐漸穩定，日本政黨內閣派任文官總督來台，並隨內閣更迭而替換。	**標榜同化政策** 台民與在台日人在實質權益上仍有許多落差。
	軍人總督 因應戰時局勢，由軍人擔任總督。	**皇民化** 以急速同化、動員台民為目標。

133

西式法律的繼受

日本為了發展資本主義和廢除列強在日本的特權，向西方學習改革法制，將原本深受中國影響的傳統法律體系，徹底改換成現代世界普遍採用的西方法系；在取得台灣後，更憑藉這項東亞各國少有的法律轉換經驗，將已經西化的日本法引入台灣，取代原有的中國法制，促成台灣史上的重大轉變。

現代西化法律制度的建立

從十七世紀台灣拓墾以來，來自華南的漢人移民在社會生活中自然發展出許多習慣。滿清統治台灣，開始引進中國法系和官府的審判權，但這一切在日本統治後為之一變。在清代，民事問題多半由社會習慣來裁決，官府也將部分的刑罰交由民間自行裁處；但日治時代引進的西方法則主張公民間的社會生活關係需受國家法律的規範，而且國家統一執行司法審判和懲處，任何人都不得行使私刑。另外，清代官員等同於判官，可以站在上位審問民眾；而日治時代不但行政與司法分離，法官、檢察官和被告則是各自處於相對的位置上。

儘管台灣從日本轉手接受西化的法律，但仍然有許多侷限，像是台灣總督府擁有的權力近乎專制，而且做為殖民地的台灣也不獲准實施已經在日本推行的普通選舉與行政訴訟制。因此儘管日本在台推動法制建設，其中蘊含部分現代文明的價值，但增刪取捨的原則仍然是殖民統治者的利益。

台灣與日本分屬不同的法域

法律的繼承和轉換過程並非一蹴可幾。日本為了統治便利，授權台灣總督可以彈性調整適用於台灣的法律，使得日本國會的立法權不能直接延伸到台灣，而且已經西化的日本法也不完全適用於台民，台灣和日本因而分屬不同的法律領域。台民雖然成為日本國民，但是台民的身分地位和權利義務關係與日本本土的國民卻有不同。當台民離開台灣，踏入日本本土，反而擁有比較多的權利和自由。

由於劇烈的法律轉換容易引起台民反抗，所以總督府一開始也沒有將社會的不成文法完全取消，而是聘請法律學者仔細調查研究，從西方法律的觀點重新解釋台民舊有的習慣，再納入新的法制當中。到了二〇年代，日本決定將內地法律延伸到殖民地，使殖民地人民「同化」於母國。此後仿傚西方法系的日本內地法，逐漸成為台灣主要的法律內容。

日治時代的刑法與民法

刑事司法

公正的程度

總督府在二○年代後比較少以嚴厲處罰來維持秩序,對在台日人也逐漸施以平等的處罰,以連輕罪都不放過的徹底檢肅來嚇阻犯罪。

控制犯罪的體系

- **檢察官、法院**:處理刑罰重的犯罪,送往監獄執行,合乎西化法律程序。

- **犯罪即決**:刑罰輕的犯罪可由警察直接禁錮、罰金或施笞刑,快速簡便但專斷。

- **浮浪者取締**:由警察提報長官,將預期可能犯罪的遊民送往台東強制勞動。違反人權。

控制犯罪的體系

- **賭博**:賭博案件沒有遞減現象。

- **鬥毆**:分類械鬥逐漸減少。

- **吸鴉片**:未領有官方特許證而吸食者犯罪。

民事司法

公正的程度

總督府幾乎不干涉民事案件,而且大多數案件都是同種族的人士相互控告,所以法官也不至於因歧視而做出不公正的判決。

西方化的程度

- **田園土地**:總督府調查研究清代台民處理田園土地的習慣規範,以漸進的方式、運用近代歐陸的法理觀念加以重新解釋,納入現代的法律體系。

- **商事交易**:台灣的商業傳統深厚,因此台民能夠適應西方商務的概念和法規,但實行時不脫商人本色,只有方便有利才運用。

- **親屬繼承**:由於家庭、婚姻、親屬與繼承等方面涉及漢民族的文化倫理與基本價值,所以西方法影響有限。但法院仍以若干現代的價值觀,反對舊有慣習,有意保障弱勢者的權益。

同化政策與理性統治

日本之所以成功擺脫被殖民的處境，躍升為二十世紀唯一非白人的殖民帝國，其實與其民族的社會文化特性有關。因此日本殖民台灣，也刻意標榜和歐美有不同的作風，藉此證明自己可以成為領導亞洲人對抗西方的盟主。

語言的同化政策

當歐美各國在十九世紀將新一波的帝國主義推上高峰，飽受西方侵略的全球各地，也逐漸萌發了民族主義的意識。同時歐美等國的內部對西方文明的工業生產、殖民與資本主義的性質與罪惡，產生自省與批判。但日本在亞洲的擴張正好和這股歷史潮流背道而馳，使得日本必須提出新的策略與正當性，說服台灣、朝鮮與中國的人民接受日本的殖民和統治。日本標舉的新一套論述正是「同化」，目的是要讓殖民地盡量趨近於殖民母國。

但日本統治台灣，直到二〇年代才公然標榜同化政策；到了太平洋戰爭爆發，戰事緊繃，才在台灣與朝鮮透過各種強迫和利誘的手段，急速推動全面的同化。然而同化的方式有很多種，但日本既不鼓勵台民與日人通婚，也沒有賦予台民平等的政治權利。因為前者和日本的民族觀念相衝突，後者則會危害到殖民統治的穩定。

因此總督府的同化真正落實在領台初期就開始推行的日語教育上。因為語言不但可以傳遞文化，也是人群溝通的工具。總督府透過語言徹底改造新一代台民的心靈意識，泯除台民之間的特殊與差異。經過日語的潛移默化以及日治後期激進的同化運動，新一代的台民也逐漸趨近日本。

輔助統治的調查與統計

對受西方思想薰陶的日本行政官僚而言，現代國家完善統治的要義在於深入了解被統治的對象。但對日本來說，台灣是個陌生的地方，漢人的社會文化更在許多方面與日本人截然不同。總督府因而編列許多經費、聘請學者，動員人力物力進行廣泛調查，掌握領土內各種情報資料。日本之所以能從封建社會迅速轉型為現代國家，善於發揮後進優勢向歐美學習、用調查統計來輔助統治，正是日本成功的祕訣之一。

日本有許多現代化的措施都是率先在台灣推出，包括「國語」（日語）政策、調查統計以及都市計畫等，而後才在本土或其他殖民地實施。這不只說明台灣是日本現代化的實驗室，而且許多現代化工程其實都深深牴觸到傳統社會中既有的結構，正因為總督府在台擁有專制的權力，才能排除阻力貫徹這些現代化的工程。

這批研究調查的豐富成果詳細觸及人民生活的情形。也反映出總督府嚴謹的行政風格，有一些可能也成為施政的參考。這樣的措施不但在當時世界上相當特殊少見，直到今天，這些資料仍然具有重大的研究價值。

總督府推動的各項調查統計

土地調查　掌握耕地面積及土地所有權，繪製地形圖，達到以圖統地、以地統人的權力架構，利於總督府徵收賦稅。

林野調查　清查出九十二萬甲的山林地，大多視為無主地一律劃歸國有，未保障原住民的生活空間，也損害了不少台民的權益。

國勢調查　涵蓋人口調查及產業經營等資料，共進行七次，有助於行政機關掌握人力資源、進行社會動員。

宗教調查　由於日治初期的抗日事件有宗教人士涉入，因而廣泛調查漢人的宗教信仰。

舊慣調查　為了修訂法律，總督府投入十餘年的時間，調查漢人固有的習慣，藉此深入了解台灣社會以穩定統治。

蕃族調查　為了順利統治原住民，聘請人類學者來台研究原住民的社會文化。

衛生調查　調查全島民眾的人口動態、體格與食衣住行等方面的狀況。

總督府的財政收支

自清末台灣建省以來，執政者無不關切台灣財政收支的平衡。日本治台初期，收入多仰賴日本撥款補助，後來才逐漸自立，不再仰賴母國支援。等到日本治台二十年後，台灣已達到財政自足的水準。隨著台灣經濟實力的提升，總督府的財政規模在五十年間更擴充超過了五十倍。

歲入以地稅及間接稅為主

由於台灣在日治時代仍為農業社會，土地是生財的根本，因此租稅收入以地稅為主。而且當時直接向民眾課徵所得稅的技術條件尚未成熟，總督府為求方便，於是透過各種間接稅來收稅，項目包括了砂糖的消費稅以及專賣事業中的菸、酒、鹽和火柴等。由於這些都是一般民生消費品，這些稅收實際上是由全體台民共同承受，加重了廣大中低收入者的負擔，並不符合現代財政依所得高低徵稅的原則。

歲出以建設支出為主

總督府把收到的賦稅用在哪裡呢？日本重視殖民地的建設與開發，將歲入所得大約一半以上，都運用在交通建設、水利開發、農業改良以及振興工業等項目，這和歐美等舊帝國主義國家經營殖民地的方式相比，乃是一大特色。

不過，雖然這些建設是台灣邁入現代社會的硬體工程，台民全體或多或少也直接、間接受益，但不能忽略這些建設背後有深刻的政治意涵，而且必須質問究竟是誰從中獲得最大的利益？比如鐵路通車讓總督府方便調兵遣將，鎮壓各地叛亂；完善的交通網絡更有利於日商來台設廠，輸出大量資源。而且許多設施往往優先照顧在台日人，因此我們不能夠單純地把日本在台的建設直接理解成是照顧台民的付出。

台民的負擔

光是從總督府的租稅無法輕易判定一般台民的負擔，尤其很多經濟的榨取是透過民間日商以資本主義經濟的方式來達成。其實，總督府在經濟上引進母國資本，財政支出則致力於建設，這種既建設又剝削的模式，正是二十世紀新的殖民模式。

總督府的財政結構

歲入項目

補充金
日本治台前九年，投入國庫歲入約5%用於台灣。

地稅
屬直接稅，為主要的歲入來源。

專案公債
多半為興辦大規模事業，從事經濟建設而發行。

消費稅
屬間接稅，包括清涼飲料、砂糖、紡織品等，屬於重要稅收。

專賣
屬間接稅，包括鴉片、食鹽、樟腦、菸、酒、酒精、石油、火柴和度量衡。

戰時公債
強迫台民儲蓄，再由銀行向日本認購公債，資助戰爭。

公營事業
以郵政、電信、鐵道事業為主，兼有歲入和歲出兩方面，獲利有限，總體而言，只能算是公共服務。

歲出項目

教育社會
用於學校、醫院和社會事業，主要是在台日人受惠。

事業建設
投入大筆經費在交通建設、水利開發、農業改良和獎勵、扶助工業等，創建基礎工程。

調查研究
不斷投入、增加經費，用於各種試驗所、研究所、調查所、家畜血清製造所和氣象台等。

人事行政
用於中央及地方的行政單位以及法院、監獄、警察等人事與業務費用，支出比例低，行政效率高。

支援戰爭
戰時提高的稅率或新增的特別稅全歸日本政府處置。

剩餘金
在一九三六年以前，這筆錢都用於台灣的經營建設，此後才移交日本做為軍事用途。

地域社會的構成

在日本統治趨於穩定後，總督府經過鉅細靡遺的調查，將台灣土地與人民的基本資料，全部都編成地籍和戶籍，創造出一套完整的資訊系統。總督府接著以這套系統劃分出有明確空間範圍的地方行政單位，並以此為依據，創設和調整各種管理土地、人民和社會的制度。

建立地方行政組織

除了基本的行政、警政單位之外，總督府不斷鼓勵、甚至規定鄉鎮地方成立各式各樣的團體，協助總督府落實各項政策，包括社會福利、社會教育和經濟合作等事務，企圖將整個社會納入統一的規格。在進入戰爭後，為了動員台民的人力與資源，總督府更是如雨後春筍般創設各種新團體，建立起一套國家指揮社會的系統。

從權力運作的角度來看，台民的生活世界中布滿由上而下建構的組織，但許多政治經濟、社會文化的活動因此也都在空間界限明確、單位完整的地方上進行，從而提供了在地居民互動的機會，使得基層民眾過去以親緣和祖籍彼此分類的心態逐漸淡薄，而在地緣關係上孕育出對鄉土的認同，終於建立起「地域社會」。

警政系統：警察跟保甲

在各種組織中，為期最長、影響最深的可能是警察和保甲。日治初期，總督府為弭平反抗勢力，採用警察體制來穩定秩序，並恢復清代的「保甲」來輔助警察。平均密布在地方上的派出所代表了總督府的國家權力，成為與台民最直接接觸與最密切的政府機關，承辦衛生、戶政、警政，甚至役政等業務，涉及台民生活中的各種事項。警察經常援用多如牛毛的法令規章處罰台民，發揮著管理社會的強大威權。

保甲在日治初期本來是嚴密監控台民反亂的組織，藉由連帶懲罰的壓力，迫使台民向警察密告任何風吹草動。這個辦法相當成功，許多抗日活動常在預謀階段就被破獲。隨著總督府的統治地位日漸鞏固，保甲逐漸轉化為輔助地方行政的基層組織，尤其是「保甲書記」擔任戶籍行政的工作，負責登記人口的生死遷移與婚姻狀態，涉及人民在親屬關係、身分證明等民事法的認定，不但與人民的權益息息相關，也讓總督府掌握人口的實際結構與動態。

地域社會的空間結構

公共空間

二〇年代以後，街莊是台灣最基層的行政單位，相當於現今「鎮、鄉」的範圍。台民在這個範圍中，參加各種團體，進行政治經濟和社會文化方面的互動。

街莊役場
總督府的地方行政機關，相當於今日的鄉鎮公所。

街莊協議會
半民意機關，由地方領袖出任。

經濟生產
台民加入各種「產業組合」，進行經濟合作以改善生活。

社會福利
選派台民擔任「方面委員」，從事地方社會福利工作。

社會教育
成立「共榮會」等，指導全鄉的社會教育工作。

生活空間

村莊是台民最基本的生活空間，總督府利用地籍和戶籍系統將人和土地編入各種團體組織中。

家戶／個人
- 十戶組成一「甲」，每百戶組成一「保」，互相監視，連坐處罰。
- 家中的年青男子加入「壯丁團」。
- 家中成員會依據年齡、性別、身分、職業等條件，加入村落中的團體，大多數的團體都可在鄉找到對應的上級單位。

權力空間

總督府在每個街莊平均散置五個派出所，共派駐約二十名警察，管理轄區內的村莊，執行總督府的法令與政策，貫徹國家的權力。

派出所
警察領導保甲和壯丁團，管理村莊中大小事務。

保甲
受警察與地方行政機關指揮，處理人民的各種事務。

壯丁團
從事保防、警戒、修橋鋪路和救災，動員人力與資源協助地方建設。

農業經濟的變動

台灣在日治時代出現了新一波的農業變革，進入了科學時代，品種改良在實驗室裡完成；化學藥劑則用來施肥和防治病蟲害。另外，過去私有的水圳可以收租獲利，如今改由公共團體來管理；耕地面積和作物產量都呈倍數增長。

台灣成為日本工業化的農業基地

因為台灣地處亞熱帶，正好配合處於溫帶的日本，組成母國與殖民地的區域分工。清代時的兩岸貿易，逐漸轉變為台日貿易；輸往中國的農產品，改為大量銷往日本。由於台灣的稻米量多價廉，可以穩定日本本土的糧食供應與價格，使得日本得以順利完成向工業國家的轉型。

晚清發達的茶、糖、樟腦產業，也發生了重大的轉變。隨著國際市場需求的縮減和轉變，茶和樟腦的地位開始降低，但蔗糖的重要性大幅上升。因為日本在國際貿易中耗費大筆外匯來購買砂糖，如今從台灣進口可以彌補這項支出。總督府於是吸引日商來台投資，興建新式工廠，發展資本主義經濟與工業化，使得台灣的農業經濟走向新舊並存的型態。

傳統與現代並存的經濟模式

近代以來，資本主義的經濟模式，改變了農業社會傳統的生活方式。總督府與日商聯手引進製糖廠的企業托辣斯，成為主宰農村的龐大勢力。但清代以來農村傳統的生產關係與模式並沒有消失，台灣的地主階級繼續存在，資本主義化的大糖廠沒有徹底瓦解傳統的農家，農家仍然是主要的生產單位；農民也沒有全部轉變成常見於世界各殖民地、以僱傭關係為主軸的農場勞工。新舊不同的經濟模式同時並存、相互聯結，形成特殊的經濟型態。

雖然農民沒有淪為僱工，農村的社會架構也沒有被劇烈破壞，似乎是件好事。但事實上，資本主義化的大糖廠並不是以徹底消除傳統農家來達成榨取資源、剝削勞力和累積資本的目的。獲得母國資金挹注的日商比較少僱用勞工自行生產原料，主要是向一般農家收購甘蔗。表面上，糖廠和蔗農的關係似乎只是單純的交易關係，但因為總督府以法令禁止農民自由出售，協助各地糖廠壟斷收購區域內的甘蔗，完全破壞市場機制。而且糖廠逐漸擴張勢力，將蔗農整合進托辣斯體系中，使得蔗農雖然不是領薪資的勞工，地位也與勞工相差無

幾，甚至更慘。因為農民名義上是「自由」的，日商因此免除了許多負擔和責任，農民必須自行解決生計問題，陷入更艱苦的處境。

日治時代的米糖經濟

總督府
清查清代台民偷墾不申報的土地，納入現代法制的秩序；公權力成為日商和地主的幫凶。

1. 維持清代以來的地權和階級結構以及生產模式。
2. 地主以法律手段壓迫佃農，警察從旁協助。

1. 減免稅賦、興建交通網絡與水利設施以鼓勵投資。
2. 動員警察威脅農民出賣土地。

地主掌控米業
掌握米的運銷，後因外銷蓬萊米到日本，使得地主和米農的獲利都增加。

日商壟斷糖業
出口糖的獲利很高，但日商掌控整個生產到銷售的機制與利益，蔗農無法享有砂糖獲利的利潤。

> 農民種植的在來米可自食並出售為商品，但市場價格低

> 日商以略微高於在來米的價格收購甘蔗，以吸引農家種植甘蔗

收取租米出售獲利

米價上漲農民獲利

低價收購甘蔗

強制購買化肥

農家
農家可以選擇種稻米或種甘蔗，決定因素在於何者的收益較高。

> 依循自由市場經濟運作

> 帝國主義式的經濟壟斷

日治時期的原住民

總督府統治台灣，對一向占據山林、成功抗拒漢人入侵的原住民來說，是一大轉變。不但有人類學者深入高山進行學術研究，西化與擴張的日本更特別信奉當時盛行的進化理論，採用和清朝截然不同的意識型態，以國家的軍警力量、動用現代化的裝備，大舉向山林進軍。

山林開發：樟腦、林業與休閒觀光

近代以來，經濟利益的動機是帝國主義殖民全球的主要動力。在進化的藉口底下，種族滅絕或指導「落後」族群進行社會經濟與文化的改造，變成理所當然的使命。日本領有台灣之後，世界上主要的樟腦產地盡歸日本掌控。總督府為了擴大販製樟腦的利益，很快就注意到如何將權力伸入山區。

而且廣大的山林不只有樟腦而已。日本探險家四處探勘，找出深山裡廣大的原始森林，總督府和日商隨後建立伐木企業，砍伐許多巨木出口到日本。除了樟腦和森林之外，高山地區的觀光價值也受到總督府的注意，開始規劃出「國家公園」，準備將高山地區開闢成休閒觀光的勝地。

總督府的態度：蕃地國有、蕃人無人格

總督府在建立法制統治的過程中，很快就面臨如何在法律上定位原住民及其生活領地。究竟原住民是否可以和漢人一樣，直接承認為日本國民，享有相關權利？其生活領地是否和漢人的土地一樣，在登記後賦予所有權？總督府為了掌控山林的利益，不但否決原住民在法律上的人格，也剝奪原住民所生活的山林地。

由於當時普遍流行人類進化的想法，世界各地被歐美殖民的原住民都被視為「野蠻」與「落後」。日人也認為台灣的原住民必須經過「進化」之後，才可以晉升一級與次等民族的漢人並列。當時的官僚完全站在統治者的立場，特別擬出一套針對「生番」的理論，將原住民抗拒任何外來勢力的行為，一律視為叛國罪行，賦予總督府擁有直接殺害的合法權力。這種觀念和傳統中國完全不同，也顯露出現代國家的全面統治徹底伸展到每一處，再也沒有化外之民，只有徹底歸順的國民。

原住民抵抗的意義

日治時代的原住民發起了許多抗拒總督府統治的反抗，其中以霧社事件最為著名，但其他的反抗事件有的也長達數十年。雖然最後都在總督府的強勢武力下被壓制或歸順，但從原住民長期反抗的過程，也顯示出總督府代表的現代國家體制並非毫無破綻，或者至少也要付出龐大的代價，才能達成目標。

日治時代的總督府與原住民

消極防範
1895～1901

| 相安無事 | 日人忙於鎮壓漢人，為避免兩面作戰·不願與原住民為敵；原住民則想藉日人來向漢人施壓。 |
| 樟腦專賣 | 總督府承繼晚清的開發方式，採用漢人隘丁協助砍伐樟腦。 |

包圍鎮壓
1902～1909

| 縮小包圍 | 總督府開始經營山林，採用地雷、通電鐵絲網等，縮小原住民的活動範圍。 |
| 山林探勘 | 找到原始森林。 |

武力討伐
1910～1914

開鑿道路	交通設施其實是輸出山林資源以及外在勢力入侵的通道。
解除武裝	槍枝是原住民狩獵的工具，也代表男子的武勇精神。總督府為杜絕反抗而收繳槍枝，引發激烈抗爭。
武力討伐	日軍鎮壓合歡山太魯閣的泰雅族原住民。現代國家的軍警力量首度大規模進入山林地帶。
清查山林	原住民生長的山林被視為無主地，皆劃歸國有，再撥發給日商進行開發和投資。

安撫施政
1915～1930

集團移往	原住民有遷徙的習性，但總督府為確立土地歸屬權及進行政治控管，強制原住民定居特定區域。
經濟轉換	總督府自以為進步，要求原住民轉換為精耕農業。
現代設施	設置派出所、教育所與衛生所，由警察兼任教師，掌握大權，並配合政策與原住民女子通婚。
屠殺報復	總督府在霧社事件後，陸空連合進軍，攻入霧社並一再殘殺報復。

徹底教化
1931～1945

積極同化	有鑑於霧社事件，綜合以上措施，企圖直接讓原住民日本化。
觀光休閒	籌設國家公園，推動山地旅遊，讓原住民觀光化。
徵調從軍	利用原住民的特長，徵召組成「高砂義勇隊」，派遣他們前往東南亞參與太平洋戰爭。

第 8 章

二〇年代：
台民的啟蒙與反抗

日本統治台灣二十餘年後，總督府的
政經體制逐漸完成，政權日益穩固。
但相對來說，台民愈來愈深刻感受到
日本殖民統治的歧視與剝削。此時台
灣已慢慢浮現現代社會的基本型態，
交通設施、傳播媒體和社群團體提供
台民交流的管道，現代社會的價值觀
念與常識、知識也逐漸傳布到菁英分
子以外的一般民眾，這些條件讓嘗試
反抗的台民順利推展各項社會運動。
出身傳統的士紳、新生代的知識分
子、逐漸成長的中產階層以及農工大
眾，分別在各自的條件與目標下爭取
自由與權益，合力開拓出公共領域的
活動空間。

學習重點

二〇年代台民的反抗運動有哪些不同的目標？
知識分子用什麼方法來啟蒙台灣民眾？
二〇年代知識青年有什麼樣的氣質和理想？
為什麼知識青年會受到左派思潮吸引？
左派與右派團體在反抗運動的訴求有何不同？
什麼原因讓農民挺身反抗日本的政經統治？
反抗運動為何能夠跨越階層與族群而進行？
台民的反抗運動為何逐漸式微？

追求自治：台灣議會設置請願運動

二〇年代台灣的政治社會運動並非孤立的現象，而是呼應了整個世界以及東亞的時代脈動。這場運動由眾多不同的力量所促成，最後也紛歧錯雜，開闢出不同的道路。新舊世代的菁英分子都參與了這場向統治者爭取權利的運動，並和基層民眾展開密切的交流，共同寫下日治台灣史上社會力量最活躍的一頁。

島內外新舊世代攜手合作

總督府為了防止台民萌生反抗殖民的思想，治台的教育政策以初等教育為主，壓抑台民進入中等以上的學校就讀。但這種侷限的教育管道無法滿足台灣中上階層的家庭，他們為了讓下一代能出人頭地，紛紛將子弟送往日本求學。

這批年輕人多半是在日本統治台灣後出生成長，他們在日本與朝鮮、中國的留學生一起討論世界局勢的變化、也思索自己家鄉的未

二〇年代的台灣與世界反帝國主義的潮流

中國辛亥革命
- 有些台民受到「祖國」新生的鼓舞，寄望中國解救台灣

第一次世界大戰（1914～1918）
- 暴露出歐美帝國主義及資本主義的弊病
- 激發東亞對理想世界的追求

世界

| 1911 | 1912 | 1913 | 1914 |

日治台灣

晚清全國知名的知識分子梁啟超訪台
- 曾參與清廷變法的梁啟超鼓勵台灣士紳以和平手段向日本爭取權利

日本大正時代（1912～1926）
- 日本進入政黨政治時代
- 台灣總督改由文人出任
- 自由民主與左派思潮興起，留日台灣學生身受感染

同化會事件
- 日本民權運動領導者板垣退助來台提倡同化
- 台灣士紳援引來制衡總督府的專權，卻遭總督府抵制

來。台民留學生在西方現代知識的啟發下，對人類社會、世界情勢乃至日本統治台灣的策略，開始有了完整深刻的認識和全新的觀點。為了彼此溝通、傳布思想和推廣活動，他們向家鄉士紳尋求經濟援助，希望在憲法保護言論與結社自由的日本，組織社團並發行宣傳刊物，與在日本壟斷台灣訊息的總督府相抗衡，盼能改善日本本土對台灣的觀感。

資助留學生的台灣士紳大都擁有相當的資產。他們在晚清接受漢文的科舉教育，擁有極深的文化素養，民族意識相當深厚。台灣割讓給日本的變局讓有些人自許為清朝的遺民，將精神投入創作傳統詩詞。另外也有些人嘗試跟上現代啟蒙的潮流，努力吸收世界的新知。這一批以霧峰林家的林獻堂、蔡惠如為首的台中士紳不但資助留學生求學，更憑藉他們在台灣的聲望和地位，讓政治運動從一開始便獲得社會的認同。

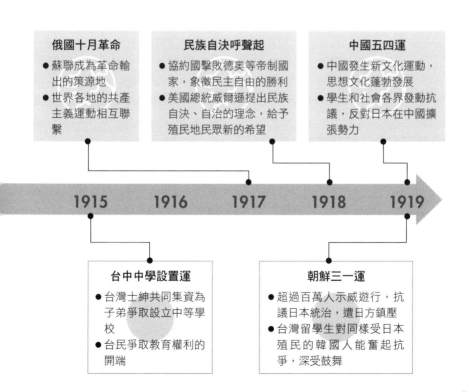

俄國十月革命
- 蘇聯成為革命輸出的策源地
- 世界各地的共產主義運動相互聯繫

民族自決呼聲起
- 協約國擊敗德奧等帝制國家，象徵民主自由的勝利
- 美國總統威爾遜提出民族自決、自治的理念，給予殖民地民眾新的希望

中國五四運
- 中國發生新文化運動，思想文化蓬勃發展
- 學生和社會各界發動抗議，反對日本在中國擴張勢力

1915　1916　1917　1918　1919

台中中學設置運
- 台灣士紳共同集資為子弟爭取設立中等學校
- 台民爭取教育權利的開端

朝鮮三一運
- 超過百萬人示威遊行，抗議日本統治，遭日方鎮壓
- 台灣留學生對同樣受日本殖民的韓國人能奮起抗爭，深受鼓舞

確立追求自治的路線

在反抗運動早期,台灣士紳曾經企圖透過「同化」的方式來破除殖民地的差別待遇,爭取和日本人相同的地位權利;但後來認識到,總督府的專制權力乃是來自於授權總督府特別立法的「六三法」,於是轉而以廢除六三法做為奮鬥目標。但這個目標很快又面臨日本的殖民政策轉變為「同化」而有所調整。另一方面,台灣留學生深刻反省台灣的歷史處境後,認為六三法固然是總督專制的根源,但其精神卻是肯定台灣的特殊性,承認台灣和日本分屬不同的民族。但在二〇年代以後,日本希望凝聚殖民地民眾對日本的向心力,開始正式標榜同化政策,反而抹殺了台民獨特的歷史與文化。堅持漢人身分的反抗運動者無法苟同,於是主張設置強調台灣特殊性的台灣特別議會。

台灣議會設置請願運動

這項運動是以合法連署,向日本國會要求尊重台灣歷史和文化的特殊性,賦予殖民地民眾政治權利的請願運動。目的在於讓台民擁有日本本土公民已經爭取到的選舉權、成立民選的議會,再藉由議會來制衡總督府的專制權力。參加運動的成員在島內收集簽名,而後赴東京拜訪國會議員,請他們在議會討論中發言支持。

請願運動推行長達十四年,共提出十五回請願。當時社會上的運動團體,如文化協會和民眾黨都積極協助這場運動。知識青年創辦的刊物也不斷撰文宣揚請願的訴求及精神。雖然運動主要由士紳階級和知識分子領導,但簽署請願的人數則超過這個範圍。

這場台民追求現代式政治權利的運動,因為契合大正時代「民本」主義的風潮,贏得部分日本學者與政治家的支持。但在總督府眼中,它不但代表殖民地追求自治的動向,更蘊含民族自決的思想,也和日本標榜的殖民同化相互牴觸,甚至懷疑它有演變成脫離日本羈絆的可能。請願運動於是一再遭到總督府的各種壓制,日本國會也始終拒絕採納。到了三〇年代,由於始終沒有突破,反抗的動能逐漸流失,使得主事者宣布中止。

同化與反抗之間

在歷史中,異乎尋常的現象比較容易突顯,反抗運動正是這種引人注意的焦點之一。相對於反抗運動來說,也有台民積極迎合日本人,藉由與統治者合作來改善自身的境遇。但在歷史中沈默的大多數其實是介於同化與反抗之間。

台灣議會設置請願運動的流程

STEP 1
在日本國會開議前，在台灣各大城市成立簽名處，發送請願簽名書，透過演講宣傳，鼓動台民簽署。

完成連署
請願團出發日本

STEP 2
請願團在東京市區進行宣傳活動，演講、遊行、唱請願歌、呼口號，向日人傳達台民心聲，並拜訪政要和報社，請求支持。

支持台民的日本
議員在議院中提案

STEP 3
申請案往往遭到議會中的反對者和日本政府以各種理由和手段阻撓，從來沒有在委員會通過，進入大會討論。

提案未過，請願團
籌劃下次活動

STEP 4
在每次活動結束後、下一次請願開始前，參加人士都會檢討時勢的變化，調整運動的做法。儘管遭遇挫折，運動人士仍然堅定主張台民的民族特性，要求行使政治權利，反抗總督府的專制權力。

台灣議會設置請願運動的過程歷經沈寂、蓬勃到沒落；曾經兩度在總督府的高壓之下，無一人簽署；也曾經掀起熱潮，兩次獲得了兩千人以上的簽名支持。雖然設置議會的目標最終未能達成，但這項運動與總督府的同化政策分庭抗禮，啟蒙了台民的意識。

社會啟蒙：台灣文化協會

二十世紀初期，東西方的交流更加密切，但傳統與現代糾結的問題卻令人困惑不已。此時，西方思潮不斷傳來東亞，敏銳感受到時代變遷的台民知識分子，迫切地想找出答案，從而對廣大的基層民眾和傳統的生活方式，提出反省和批評，並且尋求改革。因此台灣也出現了百家爭鳴、社會活動熱烈的景況。

知識分子走入民眾

教育啟蒙是現代社會追求的目標。但在二十世紀前期，大多數的台民都不識字，整個社會的教育設施非常有限；而且媒體訊息多掌握在總督府手中，台民獲得資訊的管道相當貧乏。當時，不只接受新式教育的知識分子以啟發民智做為提升台民力量的途徑。總督府也透過行政機關與學校，灌輸現代化的思考方式與價值觀。就連佛教和中醫等傳統色彩濃厚的民間社團，都積極提升成員的知識水準，努力回應時代的衝擊。

在二○年代為數多達數十個的社會團體中，領導的知識菁英經常走進群眾，巡迴各地分析時勢、介紹新知，致力於啟發民眾的思想。知識菁英的「啟蒙」擴大了民眾的世界觀，讓他們在官方宣導的政令之外，認知到台灣的處境，對自身的階級地位、總督府的殖民統治、日本的帝國主義乃至世界的變化，擁有更明確的認識與鮮明的圖像。

台灣文化協會與政治運動

當東京留學生和上層士紳規劃政治運動的方向，以蔣渭水為首的學生菁英與知識分子也在台灣組成了文化協會，成為反抗運動前期引領台民啟蒙最大的推手。他們認為台民必須覺醒，並且必須培養知識道德和藝術體育等文化，才能充實政治與社會運動的力量，提升台民的地位。

在二○年代前期，文化協會是最重要的運動團體，集合了全島的菁英分子，由資產階層如富豪、士紳和地主，以及中產階級如教師、醫生、律師和記者所組成。它不像請願運動只在日本國會開議前後發動台民簽名，然後赴東京遊說；而是常態性的組織，在各地設有分會，推展許多活動。

雖然文化協會登記為文化團體，但許多公開的演講不免涉及政治內容。文協的成員不只傳授一般性的知識，更引領民眾去思考現實處境與生活問題的根源，因此自然會觸及總督府的統治和農民的經濟困境等議題。但當時沒有完全的言論自由，尤其是批評總督府更容易觸犯到政治的禁忌，臨場監聽演講的警察往往下令中止或解散。於

是，熟悉現代社會運作規則的知識分子竭力和警察周旋，聽講的農民工人、小市民與學生則以放鞭炮和鼓譟來支援，抒解平時受壓抑的情緒。在這種一來一往、一進一退的對抗中，文化協會逐漸擴充活動的空間，為二〇年代的反抗運動開闢出寬廣的道路。台民的政治意識逐漸提升，總督府過去二十餘年的壓制措施漸漸遭到抗拒，台灣社會也因此開始出現了開放的動向。

非文字的傳播手段

二〇年代，台民的就學率與識字率相當有限，文盲仍然很多，知識分子因而模仿傳統的《三字經》、《千字文》，動手編撰簡易的識字教材，指導農民識字，並灌輸新時代的思潮。不過，口語傳播比文字更便捷，也更有渲染的力量。為了接近基層的農工民眾，知識分子採用許多非文字型態的傳播方式，如演講會、歌謠、話劇和有專人解說的電影巡迴播放，在各地均引起熱烈的迴響，成為各運動團體所共同採納的做法。

像是看戲與唱歌，都是台民的喜好與生活習慣；電影則是新科技，畫面效果容易引人矚目。知識分子適應民間、投民眾所好的宣傳方式，產生了巨大的效果。但當時最受歡迎的還是兼具知識啟蒙與情感抒發的作用、最能喚起民眾反應的演講會。各個運動團體積極舉辦各種名目的集會，如演講會、座談會、研究會、辯論會、茶話會、討論會等。鼎盛時期，全島一年有數百場以上的集會，影響所及的台民達數十萬人；而且範圍不限於都市，更深入鄉村，整個西部平原上到處都有運動人士的蹤跡。他們奔走全島各地，分享與傳遞抗爭的經驗，讓有相同處境的人群凝結成具有共同意識的群體。

熱烈的演講活動

從一九二三年到一九二六年，文化協會每年舉辦的演講呈倍數增長，從三十餘場暴增到超過三百場。由於聽眾熱烈參與，使得演講者的發言就算到觸犯禁忌的言論，臨場監聽的警察也不敢任意制止或解散集會，因此遭警察命令下台的講者或中止集會的比例約在百分之十左右。

知識分子啟蒙大眾的方法

《平民課本》第一
課：
來來來　來讀書
來識字　不讀書
不識字　苦一世
歌謠〈台灣同胞
覺醒〉：
台灣兄弟要知悉，
野蠻日本領台時，
祖公被伊來殺死，
橫逆土地也搶去
……

演講題目包括：
〈勞農與團結〉、
〈殖民政策批判〉
、〈黎明期的青
年〉、〈資本家的
毒手可驚〉等，由
此可以領略時代的
氣氛。

演講

二〇年代的眾多團
體都藉舉辦演講推廣
理念，講題涵蓋許
多層面，不但思
想宗旨互異，演
講者的用心也不相
同。

歌謠、三字經和平民課本

知識分子創作容易學習傳唱的歌謠，
教導不識字的農民；或自行編寫三字
經指導農民識字，連帶灌輸社會主義
思想，凝聚民眾的信念。

美台團

這是文化協會和台灣民眾黨巡迴播放
電影的組織名稱，在當時受到廣大台
民的喜愛。據總督府警察統計，在一
九二七年，該團一年放映將近一百
場，估計
參觀人數
超過三萬
五千人。

新劇（話劇）

一九二七年是新劇運動的高峰。總督
府的警察曾經統計四個主要劇團在這
一年中於五個重要都市至少演出五十
場，估計參觀人數超過一萬八千人。

多為社會問題
劇，如：《良
心的戀愛》、
《迷信的家
庭》、《乞食
的社會》、《
父權之下》。

播放影片多有社
會教育意義：
《丹麥之農耕情
況》、《北極動
物之生態》。

主張革命的左翼團體

近代以來，歐美的帝國主義與資本主義經濟徹底改變了人類的生活。批評帝國主義與資本主義不公義的左派思潮，在世紀之初傳來飽受西方強權欺凌的東亞，吸引了許多信徒。涵蓋無政府主義、社會主義和共產主義等派別的左翼運動，也在台灣從出現、茁壯到消逝，於日治時代走完第一輪的生命週期。

左翼的號召力

十九世紀時，在歐美等先進的工業國家，政府放任企業自由競爭，任憑市場機制和工廠制度凌虐勞工，不但引起工人與雇主的階級衝突，許多思想家也開始反省資本主義和市場經濟以外的發展道路，逐漸形成左翼思潮，探討政府權力對民眾的壓迫以及經濟分配的不公正。當一九一八年俄國共產革命成功，許多青年真心相信，沒有壓迫的世界即將來臨。美好的遠景吸引年輕一代的知識青年獻身奮鬥建設理想的新世界。

二〇年代，東亞各地的交流頻繁，部分留學海外的台灣學生接觸到日本和中國等地的左翼人士，開始從左派的觀點檢討台灣的處境。他們認為，代表日本帝國殖民統治台灣的總督府、剝削農民的日本糖廠大企業以及擁有土地、收取佃租的士紳地主，都是造成廣大台民困苦的根源，必須徹底拔除才能解救台灣。於是在蘇俄、中國和日本等地左派人士的支援下，左翼思潮也傳入台灣，成為台民反抗運動後期的重心。

兼具理想和行動的左派青年

在二〇年代，台灣左翼團體的活動範圍非常廣泛。有人主張暗殺暴動和武裝奪權；也有人從事社會救濟、話劇宣傳和提倡互助合作，但充滿理想、重視實踐與行動是他們共同的特色。這種性格也正是二〇年代普遍的時代風氣，因為在第一次世界大戰之後，世界各地洋溢著和平、理想和解放的氣氛，很多知識青年並不以個人生計為唯一考量，而富有獻身於理想的精神。台灣的左翼青年也不斷組成各種團體、吸收成員、培訓幹部，在島上散發傳單與小冊子，宣揚革命的理念。

反抗運動的左右分裂

二〇年代的反抗運動，原本是台民全體共同向日本和平要求政治權利的民族運動。領導運動的中上階層聯合了廣大的工農群眾，一起向總督府爭取更多的自由和權利。但在左派階級革命的觀念傳入後，知識青年開始認為，以農工為主的基層人民才是運動力量的真正根源；而且台灣的工農受到雙重的剝削：不但日本外來的殖民統治沒

有正當性，要反對總督府和日商的托辣斯，而且也應該推翻台灣社會內部的地主階級。左派的想法突顯出台民中地主與佃農之間潛在的利益矛盾，不但改變了反抗運動的走向，民族運動內部的不同陣營也逐漸產生裂痕。

當時，很多留學生都是受到士紳地主的贊助，前往日本留學，回台後也協助文化協會等團體壯大聲勢。由於具顛覆性的左翼思潮在二十世紀時期大都受到執政者密切的注意，左派青年很難公開活動，因此往往寄生和滲透在文化協會等團體中，終於慢慢成長，逐漸掌握組織的主導權。當左派、右派的不睦明顯擴大後，左派青年憑藉長於組織、勇於爭鬥的能力，迅速壯大，並開始排擠非左翼的人士，使得文化協會終於分裂。

激烈化的革命

隨著左派青年的批判日益尖銳，終於引起官方的嚴厲壓制。他們的抗爭逐漸從言論轉向實踐，熱切採用激烈手段企圖瓦解現存的秩序，不斷鼓動民眾反抗，發起遊行示威、靜坐包圍、罷工罷課、阻撓破壞，經常和總督府的警察爆發激烈的衝突，因而引起官方的恐怖鎮壓。當時整個東亞在二○年代末先後壓制共產主義的擴散，在台的左派人士也紛紛入獄或流亡，活動陷於停頓。

隨著總督府加強鎮壓與嚴厲打擊，左翼人士遭遇一連串的挫折，付出了沈重的代價，從一開始只是反覆被逮捕和短期的拘禁，到後來往往重判長達數年的刑期，有些人更遭到警察殘酷的刑求或病死獄中。當倖存的人出獄後，發現家庭破碎、生計艱難，而已經進入戰爭期的台灣，在軍方的壓力下，已經見不到二○年代反抗運動輝煌的光影。

歷史現場

台灣的農民運動包含勞工運動的性質

左翼思潮源起於工業化時代的西歐，資本家與工廠制度剝削廣大的勞動階層，成為主張階級革命的原因。但日治時代的台灣是農業社會，沒有大規模的工廠或礦場，勞工多半是農村人口外出打工。因此與農民運動相比，二○年代的勞工運動聲勢較弱。不過由於日商糖廠對蔗農的剝削，近似當時歐美資本家對勞工的壓榨，因此農民運動也具有勞工運動的性質。

二〇年代主要的
左翼團體

新文協

認為解救台灣人非主張階級鬥爭不可

分裂後的文化協會由左派人士掌握。但左派內部又再度發生分裂，最後甚至出現解消文協、以免妨礙無產階級壯大的主張。

●代表人物：連溫卿、王敏川

台灣共產黨

主張：台灣民族・台灣革命・台灣獨立

在上海祕密成立，接受蘇共、共產國際、日共與中共的指導或支援。但由於官方嚴厲取締，台共與島外的聯絡有限，主要還是獨立發展。

●代表人物：林木順、謝雪紅

台灣農民組合

口號：「土地歸農民，立即減收三成佃租」

農組與日本的左派團體、台共以及新文協等關係密切、相互支援。由於台共容易被取締，新文協和農組成為掩護共產黨的外圍組織，祕密推動革命。

●代表人物：簡吉、趙港、
　　　　　　李應章

台灣民眾黨

口號：「同胞須團結，團結真夠力」

結合眾多小工會，成立「台灣工友總聯盟」，推行勞工運動，聲勢相當浩大。與台共、新文協、農組各據一方，但同樣都傾向於階級鬥爭。

●代表人物：蔣渭水

無政府主義

主張摧毀政府權力、解放無產階級

先後成立「黑色青年聯盟」、「孤魂聯盟」、「勞動互助社」。剛開始無政府主義者與共產主義者合作，但逐漸分道揚鑣。

●代表人物：張維賢、王詩琅

台灣民眾黨與地方自治聯盟的論政

二〇年代的後半，政治運動的版圖日漸完整。議會設置請願運動仍然持續進行，謀求為台灣自治奠定長遠的基礎。一般性的政治議題，則有民眾黨針對總督府的不當施政提出異議。另外，專注於單一目標的地方自治聯盟則試圖與總督府合作，針對正在規劃的地方選舉提出建言。

正面論政的台灣民眾黨

在二〇年代，集會、言論、結社、出版和新聞自由雖然受到法律的若干保障，但總督府為維護殖民統治，仍然設下許多限制。文化、體育和學術在當時被視為中性的議題，台民一旦涉及到政治，往往容易遭到總督府的壓制。但在文化協會和議會設置請願運動衝撞統治體制後，開拓了公共輿論與社會活動的空間。要求突破總督府的管制、正面處理政治議題等逐漸成為二〇年代後期反抗運動的趨勢。

此時左翼思潮已經傳入台灣，各方人士對台灣未來的發展也因為階級革命的主張而產生重大的裂痕，造成文化協會的分裂。結果離開文協的舊幹部另外籌組「台灣民眾黨」；在歷經一番波折後，總督府基於權謀的考量，終於同意成立，台灣也首度出現合法的政治結社。民眾黨不但對敏感的政治議題發表意見，也推行許多活動，成功阻撓總督府的不當施政，有時更直接反對和批判日本的政策。在二〇年代初期，這種強烈的批判和對抗，幾乎是難以想像的。然而，隨著民眾黨的行動日趨激烈，與統治秩序的衝突逐漸升高，終於和左翼團體先後遭到總督府查禁。

目標單一的台灣地方自治聯盟

當反抗運動分化為左、右陣營，民眾黨的路線逐漸從中間向左派靠攏，使得最早推行民族運動的士紳地主逐漸退出民眾黨，另外成立了「地方自治聯盟」，傾向於和總督府合作，在體制內謀求改革。這是因為日本本土開始推行成年男子的普通選舉權，總督府為了執行趨近本土的「同化」政策，也規劃台灣的地方自治選舉。在地方上占有優勢的士紳地主認為，既然議會設置請願運動一直沒有突破，左派

歷史現場

運動團體的分化與互鬥

反抗運動發展至後期，不只左右抗衡，陣營的內部分化也非常嚴重。各團體追求不同的目標，經常彼此競爭、相互打擊。像是左派內部鬥爭頻繁、民眾黨與地方自治聯盟為爭取成員的向心力而彼此衝突，地方自治聯盟的主事者也不積極贊助議會設置請願運動。這些內鬥多少也消耗了運動的能量。

團體的聲勢又十分浩大，地方選舉正是他們可以嘗試發揮的舞台。但堅定擁護農工利益的左派徹底否認日本統治的正當性，認為士紳地主和總督府合作妥協，其實是背離了台民大眾。

儘管左翼運動的力量在三〇年代初已經被整肅完畢，但總督府仍然一直等到一九三六年中日戰爭爆發前夕才舉行選舉。開放競選的公職人數只占總名額的一半，另外一半仍然由官方指派；而且台民男子必須納稅超過一定的金額，才有投票的資格，婦女則完全沒有選舉權。整個選舉活動都在總督府的掌握和安排下完成，組成的議會也缺乏實質的權力。此時戰爭的腳步逐漸逼近，日本軍部和法西斯極右派的勢力也在台灣登場，時代的氣氛愈來愈肅殺，在二〇年代的政治團體中，碩果僅存的地方自治聯盟終於也主動解散。

二〇、三〇年代主要運動團體的演變

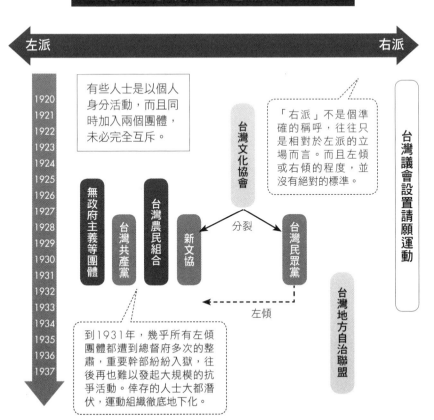

左派　　　　　　　　　　　　　　　右派

有些人士是以個人身分活動，而且同時加入兩個團體，未必完全互斥。

「右派」不是個準確的稱呼，往往只是相對於左派的立場而言。而且左傾或右傾的程度，並沒有絕對的標準。

台灣文化協會

無政府主義等團體　台灣共產黨　台灣農民組合　新文協　　分裂　　台灣民眾黨

台灣議會設置請願運動

左傾

台灣地方自治聯盟

到1931年，幾乎所有左傾團體都遭到總督府多次的整肅，重要幹部紛紛入獄，往後再也難以發起大規模的抗爭活動。倖存的人士大都潛伏，運動組織徹底地下化。

1920
1921
1922
1923
1924
1925
1926
1927
1928
1929
1930
1931
1932
1933
1934
1935
1936
1937

爭取生存權益的農民運動

反抗運動並非菁英分子的專利，從日治前期，農民就曾經抗拒總督府和日商的剝削。基本生存權益受損是農民抗爭的主因，這一點也是農民和和士紳地主、中產階級在考量是否要和總督府衝突到底、或妥協讓步的關鍵差異。

農民對土地的重視

在日治時代，總督府為了增加稅收，推動土地調查；農民只要登記，就可獲得土地所有權。但農民並未因此獲得完全的保障，因為對來台投資的日商來說，已經法制化的土地秩序反而成為開發設廠的障礙，為了解決這個問題，總督府常配合日商的要求，發動警察強迫農民以低價出售土地。然而，農業社會中的地主、自耕農或佃農都不願輕易出賣土地或放棄耕作權利。因為農民認為在自己掌控的土地上耕作是家庭生存的基本條件；一旦喪失地權，將被迫淪為雇工，在社會與經濟地位上嚴重滑落，甚至在生存的邊緣掙扎。因此農民為了求生存，不斷抗爭以捍衛地權。

農民的處境

對農民來說，地主又構成另外一層宰制的力量。因為總督府的地權調查落實了清代以來農村的地權及社會結構，讓自耕農、需要另外佃耕土地或從事副業的半自耕農以及佃農的比例，始終維持在三比三比四。也就是說有七成農民或多或少仍然需要向地主佃耕土地，繳納高額佃租。因此在社會轉型的過程中，中低階層農民的生活顯得更為困苦。

在傳統社會中，地主和佃農雙方自有規範協調的運作模式，長久形成的社會習慣多少也能保障佃農的權益。但在總督府將土地關係納入現代法制後，許多看似進步合理的措施，在日商與地主的操作下，反而成為迫害佃農的工具。比如當爆發土地糾紛時，日商和地主等土地所有權人動輒向法院申請設定債權和扣押等，禁止佃農進入田地收割和耕作，總督府則派遣代表公權力的警察強制執行，農民不但損失作物，還要面臨公權力的懲處，法制秩序的侷限更徹底暴露無遺。

階級意識的成長

來自總督府、日商和地主的壓迫從日治前期就已經出現，農民也有零零星星的抗爭。但當時農村缺乏可充實反抗力量的知識，也沒有堅強有力的領導者，因而無法突破總督府的壓制與傳統社會的侷限。到了二〇年代，文化協會成立後，

知識分子大力支援農民活動；後來農民逐漸從抗爭中自發組成「台灣農民組合」，由簡吉與趙港領導農民，並獲得新文協和台灣共產黨等左派團體的援助，與官方、日商和地主抗爭，透過陳情請願、交涉談判或更激烈衝突的手段爭取權益。運動幹部奔走全島、傳授經驗，讓農民跨越傳統地緣與血緣關係，形成「階級意識」，突破傳統「民變」的格局，轉型為現代的農民運動。

二〇年代農民組合六大主要支部

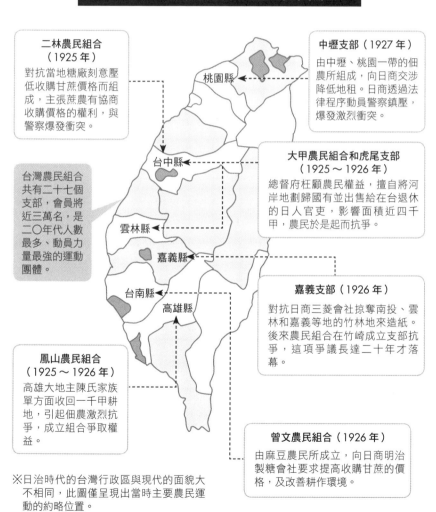

二林農民組合（1925 年）
對抗當地糖廠刻意壓低收購甘蔗價格而組成，主張蔗農有協商收購價格的權利，與警察爆發衝突。

中壢支部（1927 年）
由中壢、桃園一帶的佃農所組成，向日商交涉降低地租。日商透過法律程序動員警察鎮壓，爆發激烈衝突。

台灣農民組合共有二十七個支部，會員將近三萬名，是二〇年代人數最多、動員力量最強的運動團體。

大甲農民組合和虎尾支部（1925～1926 年）
總督府枉顧農民權益，擅自將河岸地劃歸國有並出售給在台退休的日人官吏，影響面積近四千甲，農民於是起而抗爭。

嘉義支部（1926 年）
對抗日商三菱會社掠奪南投、雲林和嘉義等地的竹林地來造紙。後來農民組合在竹崎成立支部抗爭，這項爭議長達二十年才落幕。

鳳山農民組合（1925～1926 年）
高雄大地主陳氏家族單方面收回一千甲耕地，引起佃農激烈抗爭，成立組合爭取權益。

曾文農民組合（1926 年）
由麻豆農民所成立，向日商明治製糖會社要求提高收購甘蔗的價格，及改善耕作環境。

桃園縣
台中縣
雲林縣
嘉義縣
台南縣
高雄縣

※日治時代的台灣行政區與現代的面貌大不相同，此圖僅呈現出當時主要農民運動的約略位置。

日治時期的族群與階層

日治時代的台灣，民族差異、政治權力和經濟階級是區隔人群最關鍵的因素，而二〇年代台民反抗運動和當時世界各地追求改革和解放的運動一樣，目標都是要打破這些界限，追尋人類大同的理想。

統治者與被統治者

就政治權力而言，日治時代的台灣可以分成統治的日人和被統治的台民。由於民族差異重疊在統治權力之上，因此在台民的眼中，只要認出是日本人，就知道對方高我一等。在台日人與台民的差別待遇，瀰漫在政治權力、經濟利益與社會資源等各個方面，形成少數統治多數的局面。有些日人以征服者自居，高傲而暴虐地施展權力。

不過，儘管有歧視與抗爭，但沒有完全抹煞台民在生活上與日人交往或發生情誼。部分在台日人感覺與台籍友人並沒有不可化解的歧異；也有台民選擇同化，希望被日人真正接受。更值得注意的是，在二十世紀初，肯定人類普遍性的理想性格高漲，台民所發起的各項政治社會運動，都獲得許多日本人士的大力協助。他們可能是基督徒、主張民主的政治家，或是信奉左派思潮的日人，都對台民的政治與社會運動貢獻過許多心力。

士紳地主的出路

在民族與政治權力之外，經濟階級是另一個當時受到矚目的差異。通常政權的更替往往引起既有勢力的變動與重整，但日治時代的台灣，整個社會結構卻沒有重大變遷。總督府並未嚴厲摧毀清代以來的士紳階層，國家法制更保障地主的權益。所以士紳地主雖然喪失過去官方賦予的特權，但經濟基礎反而更為穩定。他們和富商組成資產階級，接受總督府的安撫以及利益交換，出任地方公職，取得專賣事業的權利；送子女進入總督府設置的學校讀書，甚至派遣子弟赴東京留學。總督府也透過他們在地方上的影響力，穩固統治的體制。

這批中上階層逐漸適應殖民地的新生活，在新體制下培養實力、摸索上升的管道。終於在二〇年代，以他們的社會聲望和經濟實力為基礎，發起新一波的民族運動，開拓台民論政與社會活動的公共空間。不過左派思潮傳入後，士紳地主夾在總督府、日商與基層的農工大眾之間，由於交織牽絆著各種複雜的利益和衝突，終於逐漸遠離左派主導的農工運動與革命路線。

中產階層的興起

日本統治台灣，不只是新舊政權的交替，更是社會文化從傳統走向近代的過渡。雖然過去的讀書人無法再參加科舉當官，但新政權也開闢新的社會流動管道，提供可以銜接新興職業的新式教育。有些在晚清還相當貧困的家庭，也把握住日治時代社會變遷的契機，提升自身的地位。

新式教育培養出一批有現代觀念的專業人才和知識分子，其中最突出者有醫生、律師、教師、記者、新式的小工商業者和文學家、藝術家等。這批日漸茁壯的菁英分子和日本的關係無法一概而論，少部分人選擇同化，也有少部分人走上激烈反抗的道路，大多數人則依違在兩者之間。但接受日本教育而成長，透過日本而接觸到現代世界的思潮與文化，是他們共同的特色。

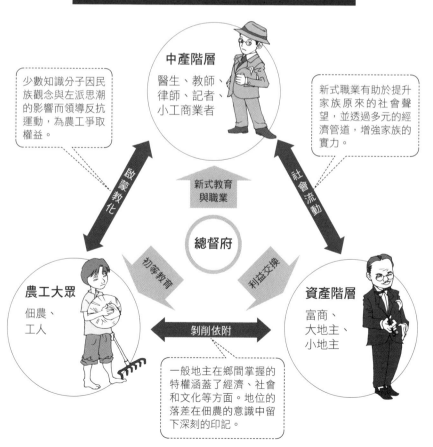

日治時代台灣社會階層的互動關係

中產階層
醫生、教師、律師、記者、小工商業者

少數知識分子因民族觀念與左派思潮的影響而領導反抗運動，為農工爭取權益。

新式職業有助於提升家族原來的社會聲望，並透過多元的經濟管道，增強家族的實力。

啟蒙教化

社會流動

新式教育與職業

總督府

初等教育

利益交換

農工大眾
佃農、工人

資產階層
富商、大地主、小地主

剝削依附

一般地主在鄉間掌握的特權涵蓋了經濟、社會和文化等方面。地位的落差在佃農的意識中留下深刻的印記。

反抗運動的轉折、起伏與結束

日治前期殘酷壓制台民的總督府，在二○年代並沒有袖手旁觀台民的反抗運動。但由於整個世界、東亞以及日本本土的大環境出現比較開放的動向，台灣也享有為期短暫、相對自由的公共活動空間。

總督府的壓制

總督府從一開始就敵視議會請願運動，很快地搜捕參與人士，起訴十八名領導者。由於總督府雷厲風行，封鎖內外交通與通訊，全島陷入恐怖氣氛。但在後續法院的審判中，不但一審宣告無罪；而且在法庭上，雙方針鋒相對辯論政治，開啟政治議題的討論。到最後被告被判處有期徒刑四個月，讓台民體認到總督府動輒大屠殺與濫用死刑的時代已經過去，開始比較放心地投身反抗運動。

在二○年代，總督府從來沒有停止箝制反抗運動，或鬆或緊的壓制主要是策略性的運用。革命的左派團體被毫不留情地取締，溫和的議會請願運動也始終沒有結果。運動人士不斷和官吏、警察及日商鬥智鬥力，但絕大多數沒有升高到武裝革命的地步。儘管總督府最後全面性壓制左翼運動，但被逮捕和懲處的運動人士，並沒有像中國與日本本土的左派人士遭到慘烈的殺害。

反抗運動的分裂

其實，反抗運動的消散不完全來自於外在壓力。各個團體不只是路線、手段和利益不同，各領導人之間也有意氣相爭與爭奪權勢的情形，不但有複雜的合縱連橫，甚至還相互批判和阻撓。從而讓總督府趁機利用反抗運動內部的分裂，採取各個擊破的策略，先將激進的左派團體整肅完畢，剩下勢單力孤的士紳地主，終於在妥協中也耗盡反抗的能量。

軍國主義與戰爭的壓力

隨著整個世界逐漸走向第二次世界大戰，日本軍國主義的擴張也日趨積極，準備入侵中國。軍人在日本本土與台灣的勢力愈來愈強，社會上許多右翼的團體也走上法西斯主義的道路。台灣也有部分日人呼應本土的風潮，激烈否定總督府的同化政策，貶抑台民的地位，並攻擊台民的反抗運動。二○年代台民的反抗運動，終於在戰爭的壓力下消逝。

1920～1936年日本帝國的發展

1920

內外多重因素下的經濟危機

- 日本受關東大地震、經濟大蕭條與本土金融危機的影響，社會秩序動盪，日本國民對政府信心下降，造成法西斯主義與軍人崛起。

- 歐美經濟不景氣對台灣的影響比較間接。

政黨政府、外交上與英美合作、社會蓬勃發展

- 日本在一次大戰後，與英美法等國共同維持東亞秩序與軍事平衡。本土也興起自由派的民主思想、基督教與左派的社會主義運動，並且逐步建立政黨政治。

- 台灣也從日本本土開放的風氣中獲益，從而開展出二○年代蓬勃的社會運動。

1927

日本侵略擴張與外交政策的轉向

- 日本入侵中國成立滿洲國，不但引起中國強烈反日的民族主義，其擴張也引起英、美等國的不滿，日本逐漸在外交上與德、義合作，成立軸心同盟。

- 滿洲國和台灣納入日本帝國的經濟圈後，兩地因區域分工，使得貿易量大為提升，台民獲益不少。

1930

激進右派與軍人的崛起

- 日本的激進軍人與民間右翼社團展開暗殺及政變，強化軍人在政府中的地位。政府也大規模鎮壓左派和自由派人士。

- 台灣的左翼團體也被總督府取締，在台的右翼日人氣焰高張。

1936

第 9 章

日治時代的社會與文化

近代以來，全球逐漸捲入現代化的歷史進程，中國和日本也分別在原有傳統的基礎上，以強盛的歐美文明為學習對象，探索自己的發展道路。台灣介於中、日之間，本是漢民族生息長養近三百年的土地，孕育出強韌獨特的中國傳統的社會與文化，而後卻成為日本的殖民地，間接承受西方文明的現代成果。因此在東亞各地先後從傳統邁入現代的變遷中，台灣的處境微妙複雜而有特異的面貌。儘管台灣分沾日本帝國的繁榮，開創許多新時代的建設與社會體制，逐漸具備現代社會的基本輪廓。但殖民統治者在政治權力上的壓抑、經濟的剝削以及文化的歧視，都造成深刻的傷痕。

學習重點

台灣在日治時代如何成為內部整合的社會？
總督府推動國民教育的目標是什麼？
學校教育對台民學童的心靈有何影響？
總督府的醫療、醫學與衛生行政有何特色？
日治時代的婦女有哪些向上發展的契機？
都市發展反映出多少政治措施和經濟構造？
台民的休閒娛樂有哪些新的發展？
國家力量對台民的風俗信仰有哪些衝擊？
新文藝和時代、社會的關係是什麼？

現代社會的基礎工程

晚清台灣建省所規劃的施政藍圖，很多在日治時代仍繼續沿用和擴充，顯示出新舊政權共同追隨現代化的潮流。但日本的明治維新比清廷學習到更多西方文明的內涵，使得總督府的影響更為深遠，各項硬體建設與社會制度改變了台灣內部疏離的形勢，完成全島的整合。

人群交流的幅度、速度與密度

便捷的交通壓縮時間與空間的距離，是現代社會的一大變革。清代台灣由於陸路交通不便，各地的物產交換與人群交流相當有限。日本治台後，鐵路縱貫台灣西部，公路聯絡市鎮與重要的村莊，連結成交通網絡，打破過去自然環境的障礙，將西部平原上原本比較疏離的區域串連起來。各地方開放與流動的程度逐漸提升，並整合成更大的區域單元。此外，總督府還經營郵政、電話與電信等傳遞訊息的事業，為社會提供公共服務，不但可以迅速傳達政令，商情資訊也更為暢通。

內部統一的經濟圈

在交通與通訊建設的基礎上，台灣逐漸形成單一完整的經濟圈。經濟的大動脈是連接南北兩大港口的鐵路，日本貨品從基隆輸入，農產品從高雄輸出，台北則逐漸成為全台商貿批發的重鎮，各地商人每年至少一次來台北採購物資。另外，商業交易也出現共同的基準。在清代，台灣各地通行的度量衡與貨幣並不一致，儘管有些不方便，但台民也有解決的辦法，不一定會構成交易的障礙。但到日治時代，資本主義與工商經濟大幅擴張，統一交易計算的要求增加，總督府逐漸推行日式的度量衡，設立銀行、發行統一的貨幣，將台灣整合進日本帝國的經濟圈中。

共通的語言、同步化的時間

在交通經濟之外，社會文化也出現了變化。清代台灣是個各說各話的社會，當時還不存在所謂的「國語」，國家與社會沒有統一語言的要求，各個族群大都只會用自己的母語溝通，也不致於構成生活的障礙。當總督府統治台灣，訂定日語為官方語言，不同母語的各族群逐漸以日語溝通，但一般人在生活中則交替並用母語與日語。

由於現代社會日益複雜，需要準確計算和控制時間，來協調規範人群生活。日本當時加入國際性的世界標準時間制度，並將西方的時間規劃引進台灣，推行陽曆和星期制度，以七天為一個循環塑造社會作息的規律。政府機構、學校、工

廠、銀行、股票和期貨市場交易等都在週日休息。時間規制的影響逐漸涵蓋社會生活的各個層面，許多休閒娛樂、演講抗議的活動也盡量安排在週日，爭取民眾參與。

每天，總督府透過廣播的方式校正標準時間。許多公家機關、學校和交通運輸單位採用「時刻表」來安排活動，總督府也呼籲台民養成守時的觀念，讓社會活動更順暢。藉由標準化的時間秩序，人群相互協調，形成一致的生活節奏。不過農業社會仍保有其作息規律，農民一年的行事主要是依據農業生活的節奏，平常日出而作、日入而息；按照陰曆舉行的各種宗教節慶仍是台民歲時的重頭戲。新舊兩種時間制度同時並存，相互調適。

日治台灣的社會基礎工程

交通運輸

鐵路	以公營鐵路為例，乘車人數增加到平均每天約17萬人次，一年超過6,500萬人次。
公路	腳踏車增加到37萬台，傳統獸力的運貨車輛超過12萬輛。
郵政	郵政的各種相關機構逐漸增加，超過2,000處，投寄信件的最高峰一年超過1億件，包裹超過200萬件。
電話	安裝戶數超過2萬戶，屬於公家機關與少數人的用品。
電報	電報收發的最高峰，一年超過300萬件。

經濟

貨幣	台灣從以秤重計值的金屬貨幣，改為以黃金兌換的信用貨幣，與日本的貨幣完全統一。
度量衡	全面改用日式度量衡器，由官方製作、修理和批發。

社會文化

國語	總督府率先在台推出教授殖民地民眾日語的政策·後來成為日本國內「國語」制度化的依據。
時間制	日本加入格林威治的世界標準時間系統·總督府逐步建立全台的報時制度。

參考指標
日治後期，台灣人口接近600萬人，家庭戶數接近100萬戶

殖民地的學校教育

在資本主義與現代國家的雙重發展中，總督府的教育目標是透過普及而標準化的義務教育，培養同質性高的勞動力與認同一致的國民。過去台民或汲汲於營生並不了解讀書的用處；或為了參加科舉考試而求學，如今一起接受國民教育的洗禮。

歧視性的教育體制

總督府的教育規劃有很多考量，包括日本帝國的經濟分工和戰略布局，以及台灣經濟發展的階段和職業結構的需要，最重要的是要符合殖民地比母國低一等的地位。因此總督府的重點放在初等教育和簡略的職業教育，逐漸提高學童接受初等教育的比例，後來更推廣為義務教育。學童經過六年學習後，已經具備現代社會需要的基本知識，小學畢業後就開始工作。如果能受完中等教育，就算是受人敬重的知識分子了。

初等教育是總督府的成就，同時也是侷限。為了避免台民菁英因追求學問而養成反抗思想，台灣的中等教育、專業教育乃至高等教育，分配給台民的名額極少，幾乎被在台日人壟斷。而且中等以上的教育，種族歧視和同化為日本人的壓力也逐漸增強，不少台民學子感受深刻，進而萌發激烈的反抗意識；但也有不少人為了擺脫歧視而傾向同化，趨於認同日本。

學校生活與課程內容

在清代，台民讀書主要是為了應考當官，但總督府開辦現代學校教育，是為了培養現代國民。因此學校體制模仿歐美和日本，教科書的知識也以日常生活的事例來教導學童理性的思考、合理的生活態度和公民的品德，課程內容還包括音樂、美術和體育等，校園也舉辦各項團體活動，豐富學童的生活。由於大眾媒體並不發達，文字訊息有限，總督府統一規劃的學校課程，成為學童最有系統的知識來源。他們共同分享同一套知識、文化，進而成為擁有共同經驗的國民。大多數學童在校園生活中度過的六年時光，成為終生難以忘懷的成長經驗。

同化教育與愛國教育

初等教育不只教授現代文明的價值與內容，總督府也以日語教育推展同化政策，使得學校成為同化台民學童的教化中心。不但課本以日文編寫，學童也花最多的時間在熟練日語；歷史教育則以日本歷史為主軸、道德教育的模範人物幾乎都是日本人，藉此培養效忠日本的國家意識與愛國情操。因此，儘管台民清楚知道自己是來自中國的民族，但接受日本化教育的新一代青年，逐漸接受自己的國家就是日本。

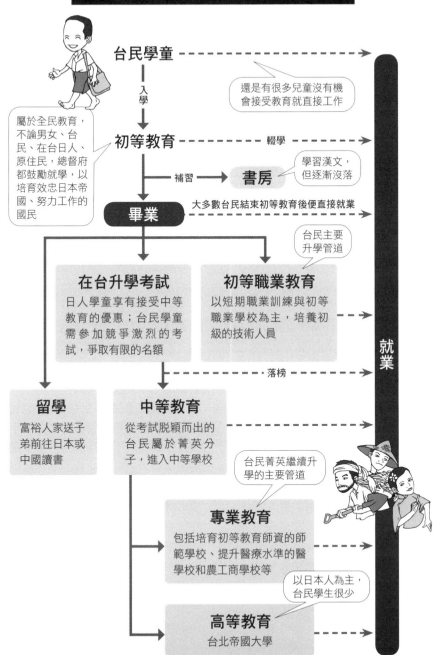

日治時代台民學童升學流程

台民學童

還是有很多兒童沒有機會接受教育就直接工作

入學

屬於全民教育，不論男女、台民、在台日人、原住民，總督府都鼓勵就學，以培育效忠日本帝國、努力工作的國民

初等教育 —— 輟學

補習 → **書房**

學習漢文，但逐漸沒落

畢業

大多數台民結束初等教育後便直接就業

台民主要升學管道

在台升學考試

日人學童享有接受中等教育的優惠；台民學童需參加競爭激烈的考試，爭取有限的名額

初等職業教育

以短期職業訓練與初等職業學校為主，培養初級的技術人員

落榜

就業

留學

富裕人家送子弟前往日本或中國讀書

中等教育

從考試脫穎而出的台民屬於菁英分子，進入中等學校

台民菁英繼續升學的主要管道

專業教育

包括培育初等教育師資的師範學校、提升醫療水準的醫學校和農工商學校等

以日本人為主，台民學生很少

高等教育

台北帝國大學

現代醫學與衛生醫療

十七世紀以來，外來人群常帶上一副有色的眼鏡來評估台灣的環境。比如荷蘭人曾經讚賞原住民的住屋清潔整齊，漢人卻認為台灣是「瘴癘之地」，而在日本人眼中，漢人居住的環境反而髒亂不堪。因此「衛生」與否，有時並沒有客觀的標準，只反應了不同民族的文化觀點或隨時代而變遷的醫學理論。

現代醫學權威的建立

當總督府統治台灣，日本正向西方學習有重大突破的細菌學，對自己的「文明」和「進步」充滿自信，因而貶低台灣是落後的「蠻荒」，更壓抑原住民和漢人原有的傳統醫療方式，引進現代醫學和公共衛生學，以科學手段控制疾病，逐步奠立了現代醫學的權威。

由於現代醫學的功效和衛生環境的改善，日治時代台民人口從三百萬增加到六百萬。台民人口的增長符合當時世界人口上揚的趨勢，甚至還高出平均水平。不只嬰兒死亡率下降、老年人的壽命延長，過去奪走許多人命的地方性疾病和傳染病也逐漸受到控制。

差別待遇的殖民醫學

不過由於每個地方風土氣候不同，境外移入的人群容易因不適應而感染疾病。對來自溫帶的日本殖民者來說，介於熱帶和亞熱帶的台灣往往潛伏致命的病菌。在各種因地方環境條件引起的疾病中，以瘧疾最容易致人於死。其他傳染性疾病如鼠疫和霍亂等，當時也都能在短期內造成大量生命死傷。

因此總督府推動醫療與衛生現代化的目標，首先是確保在台日人的身體健康。比如因為日人主要聚居在都市，總督府便優先改善城市的環境衛生；總督府也以處理社會問題的態度來防治瘧疾，以日人不受感染為重點，而以阻絕來遏止疾病蔓延，卻不透過生物學或流行病學的方法來控制，結果無法真正撲滅瘧疾。對於流行性強大的傳染病，才比較重視檢疫和消毒。

台民生活經驗的轉變

不但醫療資源的分配有差別待遇，總督府也透過警察以懲罰的手段來強制執行衛生行政的法規。由於國家權力控管到社會的衛生狀態和人民的日常生活，對習慣傳統生活方式的台民來說，實在無法了解為什麼在路邊排便、吐口水，警察也要干涉罰錢。在雙方的認知差異下，引發了許多誤會與衝突。但新的衛生觀念與西式醫療也帶給台民前所未有的經驗，開始接受打針、抽血和預防接種等措施。儘管台民不見得充分了解這些醫療行為的科

學意義，但在總督府與知識階層的
推廣下，廣大台民逐漸改變如廁、
洗浴與清潔打掃等生活習慣。

總督府推行的現代醫學及公衛制度

醫療資源

推行「公醫」制度、培育台民醫生與助產士、均布醫療資源

中下階層民眾未必負擔得起西醫的診療費用

1. 召僱日本醫師來台擔任「公醫」，藉此籠絡民心，後來停止。

2. 為了減少公醫的財政負擔，培植台民菁英習醫，從事臨床治療。

3. 以法規來調整醫療資源，使西部平原平均分布醫院與私人醫生。

衛生行政

中央集權和菁英主義，由殖民者的專業人員來決定衛生標準

未曾考慮台民主觀的需要，忽略了台灣社會有參與醫療和衛生事務的義務和權利

1. 進行市區建設，安裝城市的自來水、水井與下水道。

2. 設置公共市場，規範管理屠宰與喪葬等衛生措施。

3. 規劃都市的公園和綠地，重視建築的採光通風。

4. 普遍設置衛生所，以建立防疫保健機制，推行預防接種、驗血、滅鼠、除蚊以及定期清潔環境等措施。

醫學研究

台灣亞熱帶的環境成為日本進行細菌學研究的實驗室

利用在台灣的實驗成果，協助日軍在侵略中國及東南亞時，保障其身體健康

1. 日本的醫學人才吸收當時最先進的細菌學理論，調查研究台灣的氣候環境，鑑定出各種病原體，建立日本醫學的國際聲望。

2. 總督府雖然開放台民菁英習醫，但以實用性高的臨床開業為主，不鼓勵他們進行日本醫學界比較重視的實驗研究。

婦女的處境

婦女解放是傳統社會向現代轉型的一大重點。總督府推動女子教育，社會也逐漸開放給婦女更多的就業選擇，新式知識分子則鼓吹女性自覺，呼籲改革婚姻與家庭，並探討新的兩性關係。在時代的變遷下，愈來愈多婦女在社會上工作與公開活動，少數菁英婦女甚至擁有充分發揮個人才華的機會。

不均等的教育機會

在傳統社會中，婦女並不是朝廷大政關心的課題。但進入二十世紀，新的國家觀念認為占人口一半的女性其實和整個「國力」息息相關；而且按照進化論和優生學的看法，必須提升婦女的素質，家庭才能培育出新一代的優秀國民。不過，婦女解放並不只是來自國家外力的形塑，同時也是現代社會自發性改革中最受重視的一部分，與追求啟蒙、左翼抗爭等運動攜手並進，深刻改變人類社會的面貌。

在日治時代，過去沒有機會正式接受教育的台民婦女開始入學讀書。在初等教育的階段，男童與女童一起上課和玩樂，學習的內容幾乎一樣。但實際上仍然有一半以上的女童失去了教育機會，就算進了學校，許多女童常中途輟學。這是因為在現代國家推動全面性的義務教育以前，大多數的兒童必須幫忙家務或補貼家計，例如協助耕作、看顧店鋪或做手工業，所以無法上學或兼顧課業。女童的情形更是如此，她們從小就開始分擔家務，因此往往錯失或延誤就學的機會。不過，隨著社會肯定女子教育的價值，中上階層的家庭也願意讓女兒繼續升學，進入中等學校；學校師長也鼓勵女學生追求興趣、發展才華；富裕家庭甚至培養女兒留學日本，研讀高深的學問。

現代化的新契機

就像不是每個婦女都享有均等的教育機會，日治時代不同階層的女性獲得的資源也不相同，從而分別走上高低起伏的人生道路。大多數的婦女在青少年階段就投入工作，和過去一樣，從事農畜等初級產業和手工業，並在二十歲前後陸續結婚，直到生兒育女才逐漸脫離在外工作，生活重心轉而專注在家務與子女的教養。不過，與二十世紀之前相比，台民婦女在社會上的活動空間，已經有相當大的擴充。社會也提供一些學習和進修管道，讓有意進取的婦女追求更好的生涯。

當台灣的工商產業逐漸發展，社會上出現許多新興職業，提供婦女從事助理或技術性的工作。但受過較好教育的台民婦女更有機會發

揮心智與腦力，像是有不少出身中上階層的婦女，擔任醫生、教師和助產士。這些工作和傳統社會分配給婦女的一些純勞力或技術簡單的職業非常不同，讓這批新女性得以拓展出全新的生活經驗。她們開始離家工作、擁有獨立收入，甚至能夠自由戀愛，改變男女交往的方式與婚姻型態，並在工作崗位上憑藉專業能力取得權威和社會聲望。有些婦女遠渡重洋求學，回台後受到大眾關注；也有人投入二〇年代的社會運動，站在講台上發表演說，成為備受矚目的公眾人物。

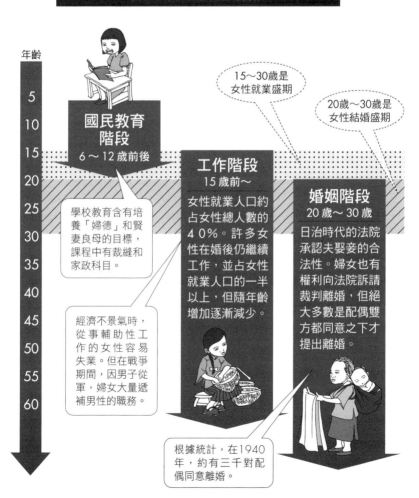

台民婦女的生涯階段

年齡

國民教育階段
6～12歲前後

15～30歲是女性就業盛期

20歲～30歲是女性結婚盛期

工作階段
15歲前～

婚姻階段
20歲～30歲

學校教育含有培養「婦德」和賢妻良母的目標，課程中有裁縫和家政科目。

女性就業人口約占女性總人數的40%。許多女性在婚後仍繼續工作，並占女性就業人口的一半以上，但隨年齡增加逐漸減少。

日治時代的法院承認夫娶妾的合法性。婦女也有權利向法院訴請裁判離婚，但絕大多數是配偶雙方都同意之下才提出離婚。

經濟不景氣時，從事輔助性工作的女性容易失業。但在戰爭期間，因男子從軍，婦女大量遞補男性的職務。

根據統計，在1940年，約有三千對配偶同意離婚。

175

都市發展

都市寄託了許多現代文明的重要內涵，各種建築物都有特定的機能，推動社會的運行。對居民來說，都市的布置和生活型態密不可分，城市景觀也融入記憶之中。從都市建築實體及其對應的社會機構中，還可以發現總督府的統治措施及其背後的象徵意涵。

全台的都市發展

日治時代的台灣還不是個都市化的社會，大部分的台民散居在鄉間的聚落。台北超越台南成為第一大城，但人口還不到三十萬。不過，都市人口穩定成長，在日本統治四十年後，已經有將近一百萬人居住在規模較大的都市化聚落中。都市人口的增加其實是台灣農業經濟發展的結果，因為日商興建了許多糖廠和農產品、食品的加工廠，使得許多農村聚落成為貨物集散中心，並逐漸成長為小型的鄉村型都市。至於真正憑藉交通貿易而崛起的都市只有高雄和基隆。尤其在三〇年代以後，高雄因為發展軍需工業，成為唯一因現代工業而快速發展的都市。

隨著台灣的外貿從兩岸轉向台日貿易，海運機能集中到南北兩大港都。像是鹿港等西部沿岸的海港，發展趨於緩慢，內陸平原上清代官廳的所在地則憑藉行政與經濟機能成長為區域的發展中心，透過鐵公路的交通網絡與全島其他城市交流。此時的台北不但是總督府的所在地，也是島內外貿易的經濟中心。相較之下，台中則是中部地區的中心、二〇年代反抗運動的重鎮與文教發達的地區。

現代化的都市規劃

在日治時代，二十世紀台灣都市體系的雛型逐漸浮現；城市內部的機能、建築與風貌也有重大變遷。在二十世紀前，漢人拓墾的聚落多半是自然形成，充滿了因時、因地制宜的實用性，官府所在地的城市則強調政治與軍事作用。但總督府進行的都市建設則是採納歐美為了解決工業都市裡的居住、環境與社會問題而研究出來的規劃技術。

因此總督府大刀闊斧推行的都市計畫充滿西方文化的理念，大肆拆除了許多清代的官廳、城牆與中國式建築，台民對舊政權的空間記憶也被抹除。留學西方的日本建築師則在台興建各種古典時代風格的建築物，塑造出嚴肅的氣氛，正好配合殖民政府的威權形象。

這種理性的都市計畫也非常重視土地利用，從道路的距離、騎樓的寬度，房屋的採光通風、交通動

線等都經過仔細計算。由於日本與台灣同樣面臨颱風和地震的威脅，建築法規也注意避雨、防風和耐震等安全防災的事項。雖然總督府的都市計畫非常重視公共設施與土地規劃，卻過度強調透過空間來建構生活秩序，反而忽略社會文化的人文因素，營造出來的居住環境有時不見得理想。

日治台灣的都市建設

政治

雄偉的官舍彰顯統治者的氣勢，矗立在街道上的官僚塑像則誇耀殖民的功績，官方更動員台民去神社參加國家祭典。

 建設項目 神社、鑄像、官署、公會堂、法院、監獄、軍營

經濟

出現了各種現代工商經濟的機構；商品陳列館用來展示當地的土產；專賣局則販售菸、酒、食鹽等與民生相關的專賣品。

 建設項目 銀行、會社、公營當舖、市場、專賣局、商品陳列館

交通工程

日治時代行駛的汽車不多，台民的交通工具有腳踏車，運輸則靠鐵道、牛車和板車等。

 建設項目 電信局、電報局、火車站、鐵路、公路、輕軌電車、圓環

公共衛生

城市人口密度比較高，而且三十萬來台日人多半居住在城市中，總督府因此特別重視城市的公共衛生。

 建設項目 醫院、隔離病院、墓地、自來水、排水道

教育文化

中等和高等教育的學校大多設置在城市，就讀學生以日人為多，也是同化台民菁英的教化設施。

 建設項目 中等學校、高等學校、圖書館

娛樂休閒

運動設施其實有國家主義的考量，因當時國家的激烈競爭，加上進化論的思想，所以非常重視培養國民的強健體魄。

 建設項目 公園、動物園、游泳池、兒童樂園、運動場、戲院、樂館

文化生活與休閒娛樂

不論政治社會經濟如何變遷，人的心靈都無法脫離文化的滋養。在日治時代，台民的精神生活和休閒娛樂經歷從傳統到現代的過渡，也在東西互異的文化形式與內容的交會中，浮現出現代文化的風貌。

傳統廟會與戲劇表演

從清代以降，長期發展的宗教信仰已成為台民的精神寄託，廟宇也成了地方的文化中心。到了日治時代，廟會愈來愈像嘉年華式的集會，規模也日益擴大。在經濟不景氣時，商家為促銷商品，常出資贊助神明的慶典以帶動人潮、刺激買氣。過去信徒靠徒步進香，如今則搭乘火車往返或住宿當地的旅店，使得某些區域的信仰中心也因此吸引了更多信徒。

台民向來喜愛的戲劇也有更豐富的發展。過去在寺廟前搭台表演，如今城市裡也開始興建專業的劇場，邀請來自中國和日本的各種表演者登台演出。此外，知識分子也引進西方的話劇，以新奇的表現形式引人入勝，並灌注了新時代的價值觀與理想。

新型態的傳播媒體

除了過去的舊傳統呈現出新面貌，日治時代的台灣還引進以現代工業技術為基礎的廣播、唱片和電影等，加上報紙、雜誌等文字媒體，成為中上階層的文化養分。在三〇年代以後，不但公務機關與學校必備收音機，統一接收總督府的號令；到了晚上，擁有收音機的家庭會聚集成員，一起收聽新聞時事與社教娛樂節目。

相比之下，電影和唱片比較偏重娛樂效果，屬於中上階層的娛樂商品。日治時代，各大城市出現專業的電影院或綜合的劇院，播放從日本、上海甚至好萊塢進口的影片以及日本政府製作的新聞紀錄片。由於電影風行，唱片公司也發展出搭配電影來宣傳唱片的行銷模式。此時的台語流行歌迎合台民的口味，歌詞模仿歌仔戲七字一句的形式，曲風則洋溢日本情調，瀰漫著悲怨無奈的氣氛。

城市與社會生活

二十世紀上半葉，東亞各地努力追隨歐美的發展經驗，比較富裕而先進的城市引進許多西方現代文化的設施。台灣的都市也出現了公園、動物園、植物園和運動場所，甚至百貨公司，增加市民的休閒空間。另外由於工商產品的急速發展，加上增廣見聞的觀念，在世

界各地行之有年的博覽會也在台灣登場，總督府舉辦了各種類型、大小不一的博覽會和展覽會，吸引大量人潮。在城市之外，鐵公路串連起全台各地的景點，讓台民前往山區觀光或海水浴場度假；學校安排的遠足和畢業旅行也讓學生開拓眼界，見識島上甚至海外的風光。

日治時代的文化與休閒活動

傳統文化

廟會 台北大稻埕霞海城隍廟的祭典最為盛大，有化裝遊行、花車選美等各種活動，刺激貿易和觀光的商機。

戲劇 歌仔戲大為盛行，不但從鄉村走入都市，也發展出專業劇團，甚至前往中國演出。儘管曾經遭到壓抑，但日治時代結束後仍繼續發展。

新型態的傳播媒體

報紙、雜誌 各類報紙雜誌超過四十種，以日文為主。報紙分為日報和晚報，篇幅為對開一張到兩張，但言論自由受到官方管制。

收音機、廣播 到日治末期，在台日人與台民菁英共計約有十萬戶擁有收音機，聆聽政治、娛樂與教育等方面的節目。

圖書館 全台有公立與私人設置的圖書館，將近一百所。

科技時代的娛樂

電影院 全台超過一百五十家電影院，播放的影片從專人配合解說的黑白默片，逐漸發展到有聲片，甚至彩色片。

唱片 鼎盛時期有十家左右的唱片公司，重金禮聘創作者，一年生產超過數百首以上的歌曲。

都市休閒

公園 在十八個城市中設置十九座公園，成為市民假日休閒和學校遠足的好去處，附設的體育設施常舉行體育競賽。

博覽會 大型展覽會的種類繁多，不只台民參與，還吸引來自中國、日本本土的遊客，參觀人數從數十萬人到數百萬人不等。

風俗信仰的變動

清代來台的漢民族，在拓墾社會的環境下孕育出獨特的生活文化。但到了二十世紀後，台民面臨日本民族的統治、社會經濟的轉型與知識啟蒙的浪潮，於是在外力的影響下，不同的風俗習慣和宗教信仰各有興衰存廢，台民緩慢適應時代的變化，仍然保有強韌的文化慣性。

日治前期：尊重「舊慣」

日本剛統治台灣時，面臨到的是一個奇異而陌生的民族文化。這是因為日本有自己的民族傳統，同時也正在急速西化之中，因此對於台灣的中國特色與傳統文化，往往感到不了解和輕視。但在日治初期，為了穩定統治，避免台民反抗，總督府放任台民固有的風俗習慣，也不干涉民間信仰，聽任清代以來基礎日漸穩固的齋教和佛教自行發展，也尊重西方傳教士的教育與醫療事業。甚至對纏足、留辮和吸鴉片這三種「陋習」，也沒有急遽革除，而是緩禁和鼓勵民間自行革新。

二〇年代：啟蒙開化

日人尊重舊慣的態度維持了近二十年，直到日治前期最後一場武裝抗日爆發，由於有許多宗教人士涉入，引起總督府留心民間宗教信仰的勢力，於是開始進行大規模的調查，並且日漸積極改革台民的「陋習」。同時，接受新式教育的知識分子也逐漸成長，站在啟蒙開化的觀點上，發表文章與演講，抨擊許多宗教傳統與民間習俗是迷信落伍；鼓吹新的價值規範，比如自由戀愛、改革家庭祭祀與婚姻制度等。儘管許多士紳與知識分子以身作則，但影響仍然有限。不過教育啟蒙已經是社會普遍認可的價值，宗教界也發起改革，力求回應時代的衝擊。佛教、齋教、中醫等各界人士都開始重視教育，發行雜誌、舉行講習會，致力提升信徒對教理與現代社會的認識。

日治後期：推廣國家神道

隨著日本與中國開戰的態勢日趨顯著，總督府為了削減台民的民族文化認同，推行皇民化運動，準備從精神上徹底拔除台民漢族文化的內容。這項運動可分為幾個方面：一是廣設代表日本文化和信仰的神社，強制台民參拜，希望讓神社取代寺廟成為新的社會教化中心，企圖將過去侷限於在台日人的「神道教」推廣到台民全體。其次，總督府要求台民改變住家正廳的布置，並且供奉代表神道信仰的神符「神宮大麻」，企圖讓神道信仰深入家庭空間。而且在部

分地區，總督府設計出一套特別的「寺廟神升天」的說詞，向神明祭告後，撤除寺廟裡的神像，然後整併、裁撤和收編寺廟與齋堂。

台民對這些措施的反應不一。像是動員學生參拜神社，對基督教會創辦的學校來說，壓迫感比較強烈。「寺廟整理」則使得齋堂的數目劇減了三分之一，齋教的勢力大為衰退。但個別家庭內的祭祀行為，卻不是總督府所能徹底掌控。因此在日治時代結束後，神道信仰沒有在台灣留下明顯的痕跡。畢竟信仰訴諸於內在，需要歷經長時期的蘊育，外力的強迫只能短暫使人順服而調整行為，並無法深入到內心世界。

日治台灣三大「陋習」的改革

鴉片

在日治時代引起最多爭議

◆治台初期不願廢除
總督府採取專賣和許可的制度。專賣收益成為重要財源後，總督府不願放棄這筆利益。

◆民間以宗教醫療戒鴉片
台民為對抗這種剝削與鴉片造成的社會問題，早期曾透過宗教醫療的方式，請神明扶鸞降筆來協助戒絕。

◆拒鴉片社會運動興起
二〇年代，台灣民眾黨發起社會運動，成功阻止總督府延長鴉片特許的制度，終於讓鴉片消聲匿跡。

留辮

帶有政治意涵的斷髮運動

◆滿清統治及落伍象徵
留辮是滿清治台的政治象徵。對力求西化、進步的日人眼中，纏繞的辮子很不衛生，代表東方古老國家的落後風俗。

◆治台初期不加干涉
總督府為避免台民反抗，初期並未強制剪辮，直到清朝末年，頭髮做為政治象徵的意涵逐漸減弱，剪辮斷髮才逐漸普及開來。

◆帽子銷路大增
台民因髮型改變，連帶讓帽子的銷路大為拓展。

纏足

放足讓女性勞動能力增強

◆傳統舊俗難以改變
纏足是多數清代台民女性的習俗。以現代觀點來看，纏足是不人道的行為，受到許多新知識分子抨擊。

◆公權力貫徹放足運
放足運動在總督府以行政力量介入後才大有進展。

◆女性裝扮的改變
放足讓女性在生活及工作上更自在，也改變鞋業的產品設計與銷路，甚至服飾與審美觀念也隨之變遷。

新文學與社會

提升台灣的文化是二○年代知識分子有志一同的目標，和啟蒙新知、社會改革是密不可分的事業。日治台灣的新文學正是這一波文化建設的成果，它開創出和傳統文學不同的風貌，更映照著時代的光影。許多作品呈現出作家在思索時代最糾結難解的問題時的獨特思考。

從舊詩文到新文學

日本統治台灣後，過去參加科舉考試晉身當官的讀書人，失去了崇高的地位。個人的挫折和世局的變化讓他們紛紛成立詩社，寫下許多寄託亡國之民心聲的文言詩歌。在社會環境逐漸充斥日文的情形之下，文人使用漢文寫作，本身就是一種文化的宣示和抵抗；但弔詭的是，文人吟詩唱和的活動卻受到具有漢文教養的日本官僚鼓勵和利用，並在報紙上長期提供發表園地。有些被籠絡的詩人於是迎合日人官僚的喜好，甚至寫出歌功頌德的篇章。當新一代知識青年日漸成長，他們嚴厲抨擊這種現象，並將當時中國正熱烈展開的文學革命介紹到台灣，自己也嘗試使用漢文的白話文來創作新時代的文學。

新文學與時代社會的脈動

新文學運動萌芽時，正當二○年代台灣社會蓬勃發展的時期，探索新文學的作家組成各個團體，創辦刊物、發表作品、彼此切磋，實驗著語言規範和寫作技巧。這些作家和投入政治社會運動的知識分子關係密切，有時也相互重疊，他們共同接受現代教育，關心世界與東亞的情勢以及台灣的未來，對社會人群的觀點也和上一代人不同。因此知識圈中關切的課題，像是台灣被殖民的處境、農工大眾的生活，以及如何從傳統走向現代等，都激動著作家的心靈情感，促使他們以寫作的方式來探討時代的意義。

因此日治台灣新文學的作品經常透露出思想與意識型態的意涵，呈現出農民、工人和婦女貧困的生活苦痛和社會殘酷的現實。他們也常描寫台民備受日本殖民者種族與文化歧視的處境；還運用諷刺和嘲弄的筆法，向掌權的日本人及地主發出抗議，展露出弱勢者的卑微不幸、憤怒和力量。

皇民文學的複雜性

到了日治後期，新文學的作品日益成熟。但中日戰爭爆發後，總督府嚴格控管思想，限制自由表達的空間，要求作家寫出符合官方意識型態的作品。許多作家基於各種原因，配合總督府的政策，創作出歌頌皇民化運動或美化戰爭的

「皇民文學」。儘管遭受殖民者的高壓，但這些誕生在複雜形勢下的作品並不單純，它們是日治台灣新文學的成熟產物，而且文學是作家精心創作的語言藝術，作品不只傳遞時代的訊息，更常超越作者有心傳達的旨意，或潛藏連作者都未必明白的意涵。因此這些作品往往揭露出民族、國家、殖民、現代化與傳統等糾結的處境，以及作家矛盾的情結與深刻的苦悶。因此如何去解讀日治時代文學中極其複雜的心靈，成為當前許多文學研究者努力的工作。

中國白話文

在總督府提倡日文教育的背景下，有抵抗日本文化的用心

民國初年，中國知識圈出現白話文與新文學，影響台灣新一代的知識分子。這些作家雖從小接受日文教育，或兼習漢文，但寧可捨棄熟悉的日文，生硬地改以中國白話文創作，以傳達台灣的風土民情。

代表人物 賴和、張我軍、楊雲萍

日治時代台灣新文學的創作語言

台灣話文

具有抗拒日文入侵、保護台灣文化的用意

受社會主義思潮影響，有人認為必須用台灣話（當時多指閩南語）來創作文學，才能細膩傳達鄉土生活的特色、普及到農工大眾。然而台灣話並無文字，構成創作障礙，直至今日，學者、作家仍致力解決此難題。

代表人物 黃呈聰、黃朝琴、郭秋生

日文

文學中的反抗精神深化到作品之中

隨著總督府的教育體系普及，年輕一輩的知識分子習慣以日文吸收世界和日本文學。日治後期，台民中菁英分子已經能用日文來創作精美的文學作品，甚至獲得日本文學獎項的肯定。

代表人物 楊逵、龍瑛宗、呂赫若

現代美術的發展

清代台灣以農耕和經商為主業，台民的人生價值是勤勞節儉、奮鬥目標是成家立業。由於社會風氣注重實利，加上文化涵養需要長期培育，使得台灣的文藝水平普遍低落。但這片貧瘠的藝術土壤，在日治時代接觸到西方的現代藝術，意外在二〇年代長成繁茂的花園，台民青年的美術創作取得突出的表現。

現代藝術的傳入

在清代，中國的傳統藝術是文人雅士的嗜好。到了日治時代，學校教育安排美術和音樂的普通課程，將西方藝術文化介紹給一般學童。但總督府沒有特別設立培養學生從事藝術創作的學校。不過，新生代的青年一方面蒙受二〇年代文化啟蒙的感召，一方面感受到台灣自然與人文環境的優美，產生了敏銳的藝術心靈，創作出日治台灣史上非常燦爛的美術作品。

文化英雄黃土水

就在一九二〇年，天資早發、對藝術有強烈熱忱的雕塑家黃土水，以富有台灣風土色彩的作品入選日本官方主辦的美術展覽，不但震驚東京，一夕之間更成為台灣的文化英雄。黃土水的成功從此激勵後進學子相繼留學日本學習美術。當青年藝術家努力創作的繪畫陸續在官方展覽中展出，他們的地位逐漸受到台灣社會的肯定，上層士紳也開始支持自己的子弟從事美術創作。其實，當時的台灣鄉親並不十分了解西方風格的藝術，但由於台民處處受日人壓抑歧視，往往產生和日人一較高下的心理。青年藝術家刻苦創作，不但證明自己擁有不輸給日人的才華，也提升廣大台民的自尊與信心。

台灣特有風情的作品

儘管這些青年藝術家多半出身中上階層的家庭，擁有比較穩定的經濟條件，但如果沒有極高的熱忱，很難通過藝術生涯中各階段的考驗。除了藝術家個人要有堅定的心志之外，推動美術發展的最大動力，則是來自二〇年代知識界追求台灣啟蒙與文化建設的信念。這股信念表現在創作上，激發出許多富有台灣特殊風情的作品。在二十世紀初，歐美與日本的藝術潮流不斷推陳出新，青年藝術家也參加各種團體或出國進修，摸索自己的風格與道路。但最能激發藝術家創造力的素材還是台灣獨特的自然與人文景致，如山川田園以及各族群男女老少的生活樣貌，都成為戶外寫生、創作水彩和油畫、雕塑的題材。

藝術與文學的不同方向

　　雖然日治時代的現代文學和美術都有心推動台灣的文化，但發展的軌跡卻略有差異。在左翼思潮的影響下，文學寫作走上社會寫實的道路，並站在農工的立場，與總督府抗衡。但藝術家大都需要透過官方展覽來獲得社會肯定，而且作品仰賴士紳富商贊助購藏。不過，文學與美術的創作者都成長於相似的環境，擁有共同的理想目標，於是從疏離逐漸走向攜手，到了日治後期，開始出現文藝界的聯盟，一同致力普及文藝於社會。

青年美術家的形成

美術的啟蒙

1. 在初等教育中有簡易的美術課程，但缺乏專門和高等的美術學校。
2. 官方為求速成，以舉辦「台灣美術展覽會」來推動美術教育，對學子畫藝的成長與創作心態有不良的影響。

師長的鼓勵

1. 日人藝術家石川欽一郎、鹽月桃甫、鄉原古統和木下靜涯等來台創作、任教、主持美展並培育台民美術人才。
2. 日人師長以藝術家的風範感染台民學子，鼓勵青年畫家投身藝術創作。

留學與進修

1. 學習美術並非當時留學的主流，但愛好美術的學生仍抱持強烈理想與熱情，以進入「東京美術學校」為最高目標。
2. 由於二十世紀西洋美術重鎮在巴黎，多位留日畫家仍繼續前往歐洲進修。

謀生與理想

1. 台灣社會尚未形成購買藝術品的風氣，而且整體的文化環境條件不佳，因此青年美術家的發展受到限制。
2. 美術家學成之後，因在台謀生不易，往往留在日本或前往中國發展。

第 10 章

戰爭的陰影：
三〇年代後的台灣

當日本逐步外向發動侵略戰爭，為了供應軍需，總督府開始加緊在台灣進行工業化；為了向東南亞擴張，台灣成為後勤基地，輸出人力、技術和資本。為了確保台民的忠誠，總督府推動徹底同化的運動，有心將台民改造成為完全的日本人。為了動員物資和人力，官方成立許多團體，將全體台民納入動員網絡中。台民身為日本「國民」，只能服從殖民母國發動的戰爭，不但承受著精神的緊繃、物資的欠缺，更要面對親人的生離死別與對未來的不安。許多作戰的士兵、商人和技術人員也踏上北至滿洲、南至東南亞與西南太平洋的廣大地域。當戰爭接近尾聲，日軍節節敗退，台灣也淪為海空軍的戰場。

學習重點

日本帝國的戰爭和台灣有什麼關係？
總督府如何建立起動員台民的全面性組織？
影響日治台灣工業化的因素有哪些？
日治時期的台商如何開拓海外貿易？
飽受侵略的中國人如何看待服從日本的台民？
皇民化運動對台灣社會有何影響？
台民青年為何願意奉獻生命替日本作戰？
遠赴海外作戰與工作的台民青年有什麼遭遇？
戰爭時的台灣與平時有何不同？

戰爭下的社會動員

十九世紀末以來，國勢鼎盛、居亞洲之冠的日本先強占中國東北，接著全面入侵中國，之後偷襲美國引起太平洋戰爭，企圖瓜分世界的勢力範圍，但終於四面受敵、極盛而衰，最後戰敗投降。在這十五年間，亞洲各地逐漸捲入戰爭之中，日本也在台灣和朝鮮等殖民地，展開密集的軍事動員。

時代背景與世界局勢

　　二〇年代末，紐約引發全球的經濟恐慌，世界各國紛紛走向封閉的經濟體系，採取不同的路線來渡過難關。左派陣營有蘇聯主張共產主義與社會革命，英美法等國家則堅持民主政治和市場經濟。受到經濟不景氣影響的日本，由於生活條件惡化，許多人對現存的秩序感到幻滅，因而趨向採用德國與義大利的極權主義來解決經濟危機與社會問題，壓抑個人自由以追求國家利益。在團結一致的要求下，國會與政黨逐漸屈服於軍方的激進勢力。

　　日本開始將國家的建設與發展等同於軍事和戰爭，走上軍國主義的道路。對外積極侵略擴張，用戰爭來決定國家生存競爭的勝敗；對內則壓制、迫害左派和自由派的異議人士。台灣做為日本帝國的殖民地，也受到這股潮流的影響。軍人取代文官成為台灣的總督，軍隊的勢力也對總督府的行政和司法部門構成龐大壓力。二〇年代許多反抗運動的團體，幾乎都在三〇年代初遭到徹底檢肅。

後勤基地的建設

　　中日戰爭爆發後，日本為了支援中國戰場的損耗，建立自給自足的經濟體系，將勢力版圖從滿洲和中國，擴充到東南亞和西太平洋，幾乎涵蓋大部分的亞洲。由於戰爭型態也走向了現代化，機械生產的武器裝備需要社會整體資源的不斷供應，才能應付曠日廢時的戰事。日本為了統治這片廣大的領土和彌補前線損耗的物資，開始進行計畫經濟，嚴格管制資源，強化台灣後勤補給的重要性。

　　從三〇年代起，總督府為了增強鄉村聚落的經濟與社會功能，執行官方政策，開始以地方和產業公會為基礎，成立許多團體。當戰爭擴大，軍事動員的需要愈來愈強，日本發起許多由上而下的運動，逐漸將台民男女、不同年齡層以及各種身分和職業，鉅細靡遺編入各式各樣的團體中，終於建立起深入到每個家庭的組織，形成全民動員的巨大網絡。台民必須出席各種公眾集會並參與活動，接受軍事訓練和管理，聆聽收音機中總督府傳來的號令。

總督府發起的運動與各種動員組織

| 部落振興運動（1931年起） | 二〇年代的日本，遭遇地震災害與金融危機，面臨世界經濟恐慌，對政治和社會造成一連串巨大衝擊，日本政府企圖重新凝聚農村的整體性。 |

希望增強農村因應市場經濟的能力

◆推動組織：教化委員、部落振興會……

民風作興運動（1936年起）

皇民化運動的先聲

日本處於國際孤立的情勢下，更加重視殖民地對母國的向心力，逐漸推行許多同化政策，強調宗教、風俗的教化等。

◆推動組織：民風作興會、農事實行組合、家長會、主婦會、國語講習所……

皇民化運動（1937年起）

貫徹「民風作興」運動，企圖同化台民成為日本人

中日戰爭爆發後，總督府期望台民能主動增產報國，從內心為天皇和戰爭奉獻犧牲，並逐漸擴充生產、加強經濟管制，以支援軍事前線的需要。

◆運動重點：改革漢人的宗教與社會風俗、推廣日語、獎勵漢人更改姓名、鼓動青年男子從軍……

皇民奉公運動（1941年起）

全面性的動員，深入到地方與社會的各個層面

日本發動太平洋戰爭後，壓力驟然上升，也開始動員在台日人。總督府以行政組織基礎，成立統一的龐大機關，納入各式各樣的社會團體。

◆推動組織：皇民奉公會、奉公壯年團、產業奉公團、文學奉公會、家庭防空群……

台灣工業化的進展

後進地區的工業化是項複雜的大工程，涉及擬定發展計畫、協調各產業部門的支援配合、籌集資金、開發能源、製造機械、協調交通運輸和訓練勞動力等許多層面。台灣在日治時代跨入現代工業的門檻，並非都是經濟自然成長的結果，而是和日本的軍事需求有密切的關係，最後也因為戰爭遭到嚴重破壞。

台灣經濟角色的轉變

早期來台的日本財團大多投資農產和食品加工業，將台灣豐厚的農業資源大量供輸給殖民母國，協助日本本土邁向工業化。隨著日本完成經濟轉型，加上世界經濟情勢的變動，日本於是重新編組帝國境內各領土分工合作的經濟關係。由於日本有意永久經營台灣，總督府也調整島內產業結構，準備發展工業。但此時日本已經逐步發動軍事侵略，台灣隨之轉化成為帝國的中間基地，擔負起支援南方前線戰事的任務。

工業化的配套措施

工業並不是孤立的部門，往往牽動到整體經濟與社會各部門。像是為了獲得發展軍事工業的大筆資金，總督府透過公債、重稅或強迫儲蓄等，強力向民間抽取資金，再由銀行融資給工業部門來建造工廠、生產軍事物資。總督府也調整學校科系來培養技術人才，立法管制勞工的自由流動，以確保廉價和技術熟練的工人來維持工廠的穩定運作。

而且環環相扣的工業體系還需要能源、機械、原料供應和交通運輸等部門相互配合才能順利發展。總督府於是規劃設立許多發電廠，提供電力來推動機械，並從日本帝國的經濟圈中進口原料到台灣；改良和升級台灣本有的製糖機械、或由日本輸出老舊汰換的設備、外移次級的產業，在台灣重新開工，全力生產配合軍事需要的金屬與化工產品，運銷到戰場與市場。

戰爭下的工業化

然而，台灣本地欠缺一些發展工業的先天條件，比如礦產資源不夠豐富，使得重要的工業原料必須仰賴海外輸入；而且如果和日本其他殖民地相比，台灣電力的規模也遠比不上朝鮮。加上戰爭變幻莫測的情勢更經常帶來各種意外，增加台灣工業化的難度。比如民間商船經常被徵調為軍事用途，使得原料和產品的運輸並不穩定；隨著日軍敗退，海上航線常被封鎖、貨輪被擊沈，工廠也無法開工而陷於停頓。但總督府全面控管經濟，整併

各個生產單位，調控資金、人力、物價和各種資源，優先供應急迫的軍需工業，結果更排擠了民生產業，壓縮台民的生活資源。

日治台灣工業化的過程

1895年
以農產品加工為中心，蔗糖為最大宗，茶葉和鳳梨加工居次

→ 食品加工業帶動了附屬的相關工業，像是製作鳳梨罐頭需要金屬片，糖廠機器也需要維修，而蔗糖的副產品糖蜜可以用來製造酒精等。

1931年
發展能源產業、電氣化學工業、輕工業以及和農業結合的工業

→ 規劃長遠、興建多年的日月潭發電廠陸續完工，提供電力能源，再利用海外輸入的金屬原料，發展輕金屬和合金工業。

→ 開發多樣化的農林礦產資源，做為新興工業的基礎，或滿足農業升級發展的需要。

1937年
進入「戰時體制」，以滿足軍事需求為目標，力求擴充生產力

→ 加緊進行現代港口和機場的建設，並發展重工業和基本化學工業，高雄成為工業重鎮和海軍基地，也是前進南方的跳板。

→ 台灣略具現代工業的基礎，成為日本帝國的中間基地：

1941年
日本帝國進入全面戰爭，戰亂影響工業的運作與發展

→ 由於戰事緊繃，海運經常受阻，無法取得原料，台灣設法就地取材，力求自給自足，紡織業等民生工業因此而興起。

→ 盟軍轟炸經常造成大破壞，影響工業體系的運作。工廠生產往往不顧一切，只求應付眼前的需要。

1945年 二次世界大戰結束，日本投降，結束日治時代

台灣的對外貿易

日本帝國的擴張兼有軍事和經濟兩個層面，陸軍偏重的北路從朝鮮、滿洲，最後指向中國；海軍放眼的南路則為台灣、福建，涵蓋華南並延伸到東南亞。不少台民也循著這兩條路線走向海外，少數菁英分子到日本的占領區出任公職，許多青年男子則從軍入伍，還有為數不少的商人前往各地拓展商務。

台灣與日本的貿易

晚清台灣的自由外貿相當發達，茶、糖、樟腦打開了國際市場，兩岸貿易也隨之擴張，但日治後，自由競爭的景象全然改觀。由於進出口關稅的障礙和總督府優待日本財閥，迫使郊商和外商終因無利可圖退出台灣，日本成為台灣主要的外貿對象，占整體貿易量的絕大多數。台灣生產的米、糖除自用的次級品外，幾乎全數被收購銷往日本。台日貿易的利潤非常龐大，但幾乎都被日本商社完全壟斷。

台商在福建

然而，晚清以來逐漸成長的台商，趁著日商專注於台日貿易之際，在與中國的貿易中找到發展的契機。其實日本初領台灣，本來有意切斷兩岸的聯繫以鞏固對台統治；總督府還刻意遣送許多台灣的流氓、「浪人」到中國，讓他們利用日本在中國的治外法權為非作歹，在福建和沿海城市經營走私吸毒和賭博等事業，許多中國人因而敵視台民為日本走狗。後來日本積極拓展南方商務，有意以台民為媒介來拉攏中國，才鼓勵台民赴中國發展；許多日本商品也經由台灣轉口到中國出售，藉以減輕中國排外和拒用日貨的風潮。

由於台灣與福建、廣東的文化、語言相近，許多台商在當地相當活躍，透過貿易、移民和投資等多管齊下，在政商界中舉足輕重。有些台民憑藉日本國民的身分，獲得了日本的保護與優惠，也在中日戰爭爆發前後協助日軍收集情報。結果當日本戰敗後，許多台民因此遭受中國政府沒收財產與迫害。

台商在東北

當日本展開軍事侵略，先入侵中國東北，而後全面進攻中國，日本帝國的領地隨之擴張，台灣的物產也開拓出新的市場。像是日本扶植成立的滿洲國，雖然和台灣的距離比較遠，但在兩地逐漸整合進日本帝國的經濟圈後，因為氣候與物產條件的差異較大，反而產生資源互補的效果，貿易量大幅提升。而後當中日戰爭全面爆發，台商的貿易網絡也隨日軍向南推進，延伸到華北、華中和蒙古等地區。

台商在東南亞

就在日軍全面侵略中國的前夕，日本將「南進」定為基本國策，台灣成為日本指向南洋的跳板。官方成立調控資本的金融機構，推動各項東南亞的開發事業。總督府成立的台北帝國大學也針對南洋進行學術研究；另外還設置了高等和專業學校，培訓語文與商務人才，準備扶植台商抵制在東南亞勢力龐大的華僑。等到日本發動太平洋戰爭，進軍東南亞，攫取歐美各國的勢力範圍，台商與各種技術人才隨之進駐這個地區，為日本占領軍提供服務。但台民夾在日本及其敵人的中間有時得利、有時受害，往往無法獲得雙方的信任，對身分的認同也前後游移不定。

日治時期的台商與外貿

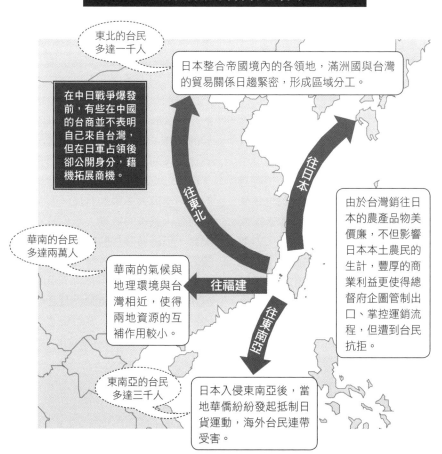

東北的台民多達一千人

日本整合帝國境內的各領地，滿洲國與台灣的貿易關係日趨緊密，形成區域分工。

在中日戰爭爆發前，有些在中國的台商並不表明自己來自台灣，但在日軍占領後卻公開身分，藉機拓展商機。

往東北

往日本

由於台灣銷往日本的農產品物美價廉，不但影響日本本土農民的生計，豐厚的商業利益更使得總督府企圖管制出口、掌控運銷流程，但遭到台民抗拒。

華南的台民多達兩萬人

華南的氣候與地理環境與台灣相近，使得兩地資源的互補作用較小。

往福建

往東南亞

東南亞的台民多達三千人

日本入侵東南亞後，當地華僑紛紛發起抵制日貨運動，海外台民連帶受害。

皇民化運動

同化是日本殖民統治的基調，尤其以語言教育的影響最為深遠。當中日戰爭爆發後，為了彌補戰爭的損耗、動員各殖民地的人力物力，日本才開始急速推行極端而強硬的同化運動，企圖形塑殖民地人民的內心和外表，改造成真正的日本人，為母國犧牲奉獻。

掃除文化認同

　　日本在朝鮮和台灣都推行皇民化運動，但實施的重點和強度卻有不同，這是因為兩地併入日本帝國的歷史情勢有很大的差異。比如台灣在割讓前並非獨立完整的國家，而是清帝國剛剛建的邊陲地方，一般台民的國家意識還不明確；不像朝鮮原有王朝的政治體制在人民眼前被徹底破壞，激起深刻的亡國之痛。

　　不過，台民卻有深厚的民族文化認同。漢人都明白祖先來自中國，和日本是不同的民族。但經過總督府數十年的統治，台民也逐漸接受日本國民的身分。這種民族認同與國家認同錯開的情形，對準備和中國開戰的日本來說是一大隱憂，於是設法去除漢文化的內涵成為皇民化運動的目標，各種反映出民族文化的宗教信仰、姓名和風俗習慣，乃至深層的語言文字與思考方式，都成為總督府變革的對象。

皇民化運動的成效

　　儘管總督府採取各種威逼利誘的手段、推動台民同化為日本人，卻未必達成預期效果。因為台民雖然被迫皇民化，也自有因應之道，大多數人隨波逐流，有些人則敷衍應付。對有些民族意識比較敏感的台民來說，這段日子充滿了權力的壓迫和折磨人的痛苦。但在日治期間成長的年輕人，由於在學校接受的是日式教育，並且被灌輸軍國主義的思想，因此可塑性高的青年受到比較多的影響，也由於他們充滿了活力，更成為總督府積極動員的對象。至於大多數的台民，面對總督府強大嚴厲的威權，不免妥協和配合，但許多強加的措施往往只觸及到生活和意識的表層，因此在日本統治結束後，並沒有留下深刻的痕跡。儘管皇民化運動沒有達成徹底同化台民的目標，但台民本有的「中國性」卻因此多少減低了。

▎皇民化運動的矛盾

皇民化運動是戰爭的產物，它和當時民族自決的理念背道而馳，也和日本人自己的民族觀念相牴觸，更會瓦解殖民地與母國的不平等關係。而且過去被歧視的台民，利用「同化」來和日本人競爭，做到「比日本人更像日本人」，反而能去除卑屈感，甚至傲視日本人。

皇民化運動的項目

推廣日本神道教	推廣神道祭祀	在部分神社舉行國家祭典，強制台民參拜，違反憲法保障的信仰自由。
	裁撤整併寺廟	部分地區激烈整併寺廟，使得信仰人士尋求日本佛教界的保護。

推廣國語（日語）	獨尊日語	報紙廢止漢文欄目、學校中停止教授漢文。
	局部禁用台灣語	公共場所明文禁止使用閩南語、客語。
	獎勵國語家庭	以物資配給、就學、就業等利益，鼓勵知識分子在家庭中使用日語。
	鼓勵國語部落	在廣大鄉村，推動簡易初步的日語補習教育。

改成日式姓名	獎勵更改姓名	鼓勵已達到日本化標準的台民提出變更姓名的申請，非強制性。
	防範不當姓名	禁止台民更改的姓名與中國地名雷同，防範流露漢族的文化意識。

鼓勵志願從軍	戰爭宣傳的渲染	總督府宣揚從軍的義務與榮譽，賦予濃厚的精神價值。
	策動青年團體	地方政府透過學校和「青年團」鼓動年輕男女報效國家。
	民族競爭的心理	向來被壓抑的台民藉由從軍證明自己絲毫不輸給日本人。
	同儕間的壓力	年輕男女的情緒易被感染，模仿彼此的浪漫行為，形成寫血書的風潮。

改革風俗	以破除迷信、陋習、弊風為名義	總督府著手改造台民中國化的生活習俗與文化，包括風水、道教與巫術信仰以及各種婚喪喜慶和祭祀禮儀的習慣等。

文藝活動日本化	傳統戲曲日本化	要求傳統戲劇和說唱藝術以日語演出、要有日本化的外觀。
	唱片、電影宣傳戰爭	出現許多歌頌戰爭與軍人的唱片；電影院則播放報導戰事和時事的新聞片。

海外的軍事動員

中日戰爭爆發後，日軍需要補充損耗的兵力，但由於日本政府對於台民是否願意和「祖國」人民干戈相見，心存疑慮，因此剛開始時先從朝鮮召募士兵，在台灣只是強徵和僱用男子到中國從事農業生產、勞務建設、治安管理和語言翻譯等工作，並不派遣台民從事作戰。

自願從軍的社會氛圍

到了四〇年代，總督府嘗試採用許可制，大規模舉辦三次申請「志願兵」的活動，鼓勵台民男子自願從軍，藉此測試台灣皇民化的程度。如果從每一回提出申請的人數都超過三十萬人，最高時甚至達到六十萬人來看，可見自願從軍的台民並不算少。這是因為當時的年輕人大都成長於日治最安定的階段，從小在學校中被灌輸愛國教育，接受日本是自己的「國家」。而且總督府在社會上更鼓動風潮，營造軍人的榮譽，還秉持日本民族的獨特美學，以浪漫淒美的宣傳語言和崇高超越的情調來包裝充滿死傷苦難的戰爭。由於年輕人激動的心靈容易受時代氣氛的感染，因此流行書寫「血書」，以此表達願為國家軍隊效力的赤誠。

在戰爭局勢下，要求「國民」為國犧牲奉獻的正當性，也讓總督府順理成章迫使台民「志願」從軍報國。許多人從此遠赴海外，踏上迢迢的不歸路。此時正值太平洋戰爭爆發，戰場擴大到東南亞與西南太平洋，台籍日本兵多派赴南洋作戰。也由於台民申請志願兵的反應熱烈，總督府開始規劃全面性的徵兵，但實際實施不到一年，日本就已經戰敗投降。

台籍日本兵的遭遇

據估計台籍日本兵約二十萬人，幾乎台灣每個家族都有一兩位親人踏上戰場。當他們出征時，鄰里會舉行歡送的儀式；當士兵在海外冒險作戰，生死存亡也牽動在台家屬的心靈。家鄉的親人會在收音機裡聽到皇軍勝利的消息，也會收到從遠地寄來的家書，或從報紙上發現死者的姓名。當陣亡者的骨灰歸來，故鄉也有肅穆哀戚的行列來迎接。這群台灣子弟隨著日軍勝利踏上東南亞與西太平洋各地；但也隨著日軍敗戰，在極度的困苦中瀕臨喪失人性的絕境。戰爭結束後，這群士兵更歷盡艱苦才返回故鄉。但由於戰後行政的疏失，台籍日本兵驟然失去日本國籍，他們不但因此無法獲得日本政府的補償，更因為對日抗戰的中華民國遷台，使他們為日本人打仗的經驗成為不名譽的過去，而在戰後社會中成為噤聲失語的一代。

日本的戰爭罪行：慰安婦

被迫捲入戰爭的台灣女子則是另外一個故事。中日戰爭期間，日軍在中國四處強暴婦女，引起國際譴責。日本政府為鼓舞軍隊士氣，並防制性病蔓延、影響戰力，於是在軍中創設以「慰安婦」為名的軍事性奴隸制度。日本為了避免占領區民眾的反抗，於是在統治已久的殖民地朝鮮與台灣，徵調女子派赴日本軍營供士兵縱欲。與台籍日本兵在美日開戰後多派赴南洋作戰一樣，台民慰安婦也約於同一時期被調派至南洋。她們不但遭遇了許多不人道的對待，賣淫的收入更是唯一的報酬，可是許多當事人至今未能取回當年僅有的存款，更等不到日本政府的賠償。

台民的海外動員

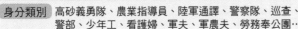

台籍日本兵中，以「志願兵」最受人矚目，約有一萬六千人

軍人（志願兵）

他們從數十萬申請者中脫穎而出，年齡在二十歲上下，精神體格可說是青年男子的佼佼者。這群台灣子弟經歷嚴苛訓練，但投入戰場時卻正當日軍由盛轉衰。他們的青春歲月也都在戰火中度過，成為終生難忘的回憶。

身分類別 海軍特別志願兵、陸軍特別志願兵、學徒兵………

人數多達十二萬人以上，占台日本兵的大多數

軍屬（軍夫）

中日戰爭爆發後，台民主要是以技術人員和勞動者的身分為日軍服務，進行糧食生產、勞動建設和管理等工作。職務大都有時間限制，期滿後可回台灣；儘管薪資相當優厚，但許多當事人至今未能取回當年的存款、欠餉和保險費。

身分類別 高砂義勇隊、農業指導員、陸軍通譯、警察隊、巡查、警部、少年工、看護婦、軍夫、軍農夫、勞務奉公團……

包括日本陸軍大臣、地方政府和民間商人都犯下這項戰爭罪行

慰安婦

這項制度的運作流程是由日軍前線部隊提出申請，再透過軍方與後方政府安排與派令，接著交由地方行政機關抽調、強徵、或由民間業者誘騙、召募和營運管理，官方最後協調出入境與交通事宜。日本政府在戰後銷毀與管制相關資料，迴避追查，藉此規避責任，拒絕任何賠償。

身分類別 慰安婦的名稱不一，但奴役性質沒有區別。

戰火下的日子

日本全面入侵中國時，台民的反應相當憤慨，半年內發生了上千件辱罵警察的案件。有些學生和知識分子潛赴中國加入抗日作戰，期待中國勝利來解救台灣。過去從事反抗運動的士紳則面臨軍方和總督府的威勢，只能隱忍順服。至於同化較深的台民菁英，則以日本國民的身分在日本的占領區出任公職。

總督府的猜忌與戰爭宣傳

在戰爭的壓力下，總督府最重視社會秩序的穩定，不斷加強保密防諜。台灣總督也由文官換成軍人來擔任，駐守台灣的軍隊司令官則警告台民，不得輕舉妄動，否則將嚴懲不赦。但還是陸續發生了一些破壞生產與交通、抗稅罷工以及襲殺警察的行動。無法信任台民的日本統治者則捏造出一些台民叛亂的案件，使得許多人在牢獄中無辜冤死。

為了穩定不安的台灣社會，總督府很快就控制報紙、廣播和影片，由軍方壟斷戰爭消息來源，使台民無法認知到中國戰場的真相。在官方的宣傳品中，包括各種解說時局的宣傳單和小冊子，提出的一套說詞和中國以及世界上其他國家的看法都截然不同，不但將日本的戰爭與侵略合理化，更刻意醜化中國的領導人與士兵，讓一般台民只知道日軍的使命、英勇和勝利。但這些灌輸的意識型態不見得有效，民間依然流傳著各種謠言，揣測戰局的變化，人心也浮動不安。

社會經濟全面配合軍事需求

戰時的經濟由國家進行全面性的統制，警察的控管也擴展到市場交易，取締屯積物資和謀取暴利的商人。為了支應龐大的戰費，新增或提高的賦稅都加重台民的負擔，總督府還竭盡手段掠奪民間資源，搜括民間家藏的貴重金屬，要求台民繳納「獻金」，總督府再將這些資源轉投資在工業與軍備上。由於青年男子從軍，農業勞動力不足，造成糧食欠收，總督府也不准農家儲藏糧食，要求農產品必須優先供應給軍隊，使得各種民生物資非常欠缺，一律由官方配給，台民的生活非常艱苦。

戰爭時的生活節奏與社會構造也不同於平時。總督府經常舉行各種演習，台民常被迫放下原有的事務，進行義務勞動、練習救火、挖掘戰壕與防空洞。為了支援戰爭的各種需要，總督府設立各種訓練所，全面起用懂日語的年輕人，以軍隊的模式加強培訓青年幹部。許多女性則填補男性所遺留的工作空缺，使得社會上四處可見到女性的蹤影。

戰爭的尾聲

當太平洋戰爭進入末期，美軍的威脅逐漸逼近，為了防範敵人登陸，總督府準備將台灣全島建設成軍事要塞，進行決死作戰，為日本本土爭取緩衝時間。到戰爭結束前的最後兩年，美軍出動數千架次的飛機密集空襲台灣，機場、車站、港口、工廠成為攻擊目標，許多工業和交通設施都被破壞殆盡；全島各大都市都籠罩在轟炸的炮火中，市區人口也都疏散到鄉間。最後美軍在沖繩登陸，在長崎和廣島投下原子彈，台灣沒有淪為戰場，台民的死傷減到最低。當台民在廣播中聽到天皇宣布投降時，感到有些不可思議，但也鬆了口氣，開始歡欣期待未來的日子。

戰時總督府對台的控管措施

政治
- 進入戰時體制，軍人擔任總督
- 強制參拜神社，使台民認同天皇
- 舉行盛大典禮，營造熱烈氣氛
- 直到戰爭末期，才開始改善殖民地的政治地位與台民待遇

經濟
- 提高生產、約束消費、增加賦稅
- 配給衣食等民生物資，取締黑市
- 統制物價和工資、增加通貨供給
- 搜括資金，強制台民儲蓄、購買援助戰爭的債券和保險

社會
- 演練防空避難、管制夜間燈火
- 婦女從事慰問、勞軍、祈福等活動
- 設立警防班、警報班、防毒班
- 成立三千多個訓練所，召集十五萬名青年男女，進行短期訓練

文化
- 形塑和宣傳同化的模範與神話
- 製作宣傳單、壁報、標語、漫畫
- 合併報刊雜誌，加強新聞檢查
- 出版各種圖書和小冊子，進行思想教育，指導台民增加生產

第 11 章

國民黨政府主政下的政治與外交

二次世界大戰結束後，台灣回歸中國統治，成為一個地方省份，但中華民國政府隨後撤退來台，台灣突然轉變為中央政府主權所及的主要範圍。這是台灣進入歷史時代以來的大變化，不再是滿清帝國的邊陲離島，也不是日本民族統治的殖民地，而是以中華民國的身分進入國際社會，在民族國家林立的世界中，開展出多方面的關係。台灣與中國大陸重新建立政治關係，但情勢的變化卻極為複雜，國共內戰演變成兩岸的軍事對峙與外交競爭，造成台灣與中國大陸繼續維持日治以來政經隔離的格局。冷戰的氣氛，加上從中國移植來的政治文化，使得台灣進入了政治獨裁的時代。但經歷數十年的內外局勢的演變與眾多民主人士的奮鬥，台灣終於脫離威權體制，轉型成為民主國家。

學習重點

為什麼會發生二二八事件？

兩岸在五〇年代間有哪些軍事衝突？

美國如何在軍事、外交和經濟上協助台灣？

國民黨政府的黨國體制有哪些特色？

為什麼自由主義者要批評國民黨政府？

台民參與政治的管道有哪些？

為什麼會出現台灣獨立運動？

台灣在七〇年代遭遇了哪些內外在的波瀾？

八〇年代的台灣為何能走上民主化的道路？

二二八事件

經過日本長期統治，台灣成為亞洲的先進地區，經濟上邁入工業化的門檻，台民的教育水準和政治意識都已具備基本素養。這讓台灣和陷於動盪的近代中國，產生一些落差。這些社會文化的因素，使得雙方在剛開始接觸時因為不習慣而引發了許多摩擦。

兩個世界的隔閡

日治期間，總督府刻意壓抑兩岸交流；戰爭時，軍方更壟斷了訊息的管道，使得大多數的台民對中國非常陌生。尤其是年輕一代接受的學校教育和官方宣傳都刻意鄙視和醜化中國的領導人與軍隊，使得年輕人對中國的情形不但一無所知，更有許多偏見。當接收台灣的第一批士兵來台時，台民發覺他們素質低劣，裝備落後，還濫用武力脅迫和偷盜。台民不禁懷疑：為什麼武器精良、訓練嚴格的日本軍隊會輸給這些士兵？但台民卻不了解，大多數的中國士兵並沒有機會接受正規訓練；台民也無法想像中國軍隊正是在懸殊的條件下，付出艱苦的代價去抵擋日本入侵。

接收官員的弊端

兩岸經歷日治時代長期的疏離，但台灣卻在戰爭結束後突然轉換了立場。在一九四五年，國民政府派遣曾經留學日本、還來台考察過總督府施政的陳儀，擔任接收的長官。儘管他有心做事，卻性格剛愎，無法了解台民的心聲。但真正讓台民難以苟同的是部分接收官員貪污收賄和任用私人的作風。這其實是因為中華民國從成立到抗戰勝利的三十四年間，多半都處於戰禍中，並無餘裕培養行政官僚，使得這些官員的行政態度與能力都無法與日本人相比。

戰後經濟情勢的惡化

中國經歷八年抗戰後，恢復經濟是最關鍵的課題。國民政府認為新併入的台灣是先進地區，因而輸出許多資源去穩定受創的經濟。但台灣也有自己的困難，像是美軍轟炸造成了許多破壞，正在慢慢恢復生產；台灣脫離熟悉的日本經濟圈，新加入的中國經濟圈卻陷於混亂；還有海外軍人返鄉失業等問題。雖然陳儀也嘗試解決，但他為了避免資本主義經濟的弊病，選擇採用由國家統制的社會主義經濟，不但接收了總督府與日本商社留下來的大批資產，還繼續維持戰爭時期的經濟統制與專賣，壟斷生產、市場和貿易。結果台灣的物資依然短缺、物價持續飆漲，台民的處境甚至比戰爭時更糟。

台民的失望與憤怒

在期待與現實的落差下，台灣各地隱伏的失望和憤怒不斷累積，終於引爆二二八事件，從治安糾紛演變成全台暴動的政治事件。起初各地出現的團體沒有一致的領導者與共識，因而各自行動，各地陷入騷亂。但也有官員和台民謀求和平解決，社會上也慢慢恢復了平靜。不料中國內戰日趨激烈，國民政府領導人蔣中正決定派兵鎮壓，和平落幕的希望就此破滅。國民政府的軍隊抵台後，很快地以暴力控制局面，結束了這場「民變」。日後，在國民黨政府統治台灣的數十年間，二二八事件成為禁忌中的禁忌，幾乎成為被湮滅的歷史記憶，使得許多遇害者的家屬長期背負著悲憤的心情。

二二八事件的過程

官方	1947 年	民間

事件爆發
2月27～28日

官方：
1. 由於官方實施專賣，官員在二月二十七日查緝走私時，因處理不當殺傷民眾，引起群眾包圍警局要求懲凶，發生零星衝突。

民間：
1. 二月二十八日，台北市民示威抗議、罷工罷市，在官署前警民衝突，造成死傷。
2. 群眾奪占廣播電台，呼籲台民反抗。

街頭暴動與政治交涉並進
3月1～7日

官方：
1. 部分政府機關遭到青年學生和返鄉失業軍人攻擊和接管。
2. 有些駐台將領傾向以武力壓制台民，尤其是高雄軍隊更嚴厲鎮壓暴動，造成無數死傷。
3. 官方一方面和「處理委員會」談判，一方面和國民政府聯絡。

民間：
1. 西部南北各大都市逐漸發生多起暴動，四處殺傷外省人。
2. 台北民間首先成立「二二八事件處理委員會」，與官方協調交涉，商討事件善後，並要求政治改革。
3. 台中地區的學生與返鄉軍人組成有交戰能力的「二七部隊」。

戒嚴清鄉
3月8日～
5月21日

官方：
1. 國民政府派遣的軍隊抵台，以武力鎮壓來恢復秩序，到鄉間搜捕人犯、收繳武器。
2. 儘管有指令不得濫殺，但執行的士兵仍然進行無目標的濫射和有目標地按照名單逮捕與報復。

民間：
1. 「處理委員會」被撤消，「二七部隊」並未與軍隊交戰，撤退後自行解散。台民沒有用正規武力從事有組織的對抗。
2. 在法治蕩然的情形下許多人遭到脅迫、監禁和殺害。

五〇年代：內外緊繃的局勢

一九四九年，共產黨征服了中國，國民黨撤退來台做最後抵抗，國共內戰也延伸到了台灣海峽。但此時美蘇對抗逐漸成型，中華民國開始納入以美國為首的陣營，國民黨終於站穩腳跟，台灣則免於共產黨的統治，確立了兩岸分治的基本格局。「反共」則成為日後數十年主導台灣軍事、外交與內政的最高原則。

外部反共：軍事對峙

五〇到六〇年代初期，兩岸背後各自有美國和蘇聯的支持，戰爭的緊張氣氛特別濃厚。中華人民共和國聲言武力解放台灣，國民黨政府則主張反攻大陸，並持續關注韓戰和越戰等區域衝突的機會，或伺察中國內部動盪的情勢，隨時準備趁虛而入。國民黨政府還利用海、空軍的優勢，在中國沿海地區進行零星的突襲和滲透，甚至派遣游擊隊登陸作戰。在這期間，台海曾經發生兩次重大軍事危機，甚至可能改變歷史的走向，但由於美蘇強權的介入和抑制，兩岸得以避免爆發大規模的戰事。

內部反共（一）：土地改革

喪失中國大陸的國民黨認為，共產黨的坐大是利用地主與佃農的階級矛盾，而台灣的農村也存在土地分配不均的問題，可能成為共產主義滋長的溫床。於是為了穩定統治基礎，加上與台灣地主毫無淵源，沒有既得利益的包袱，國民黨政府在五〇年代初期進行一系列的「土地改革」，徹底改變了台灣數百年來所演變的地權構造。在許多社會中，重新分配土地往往引發地主的反對和動亂。但台灣土地改革的範圍廣大、手段劇烈，卻相對平靜許多，順利完成了地權的移轉。這其實是因為在二二八事件後，國民黨政府建立起肅殺的威權氣氛，並且宣布戒嚴，要以軍法懲治不合作的人，終於成功使地主就範，國民黨政府也贏得受惠的廣大佃農的支持。

內部反共（二）：白色恐怖

冷戰時期，共產集團以外的國家往往排斥、甚至迫害左派人士；來台的國民黨政府，早在二〇年代就曾經在中國大陸捕殺共產黨人。由於台灣在日治時代原本就流傳左派的思想，許多政治和社會運動人士都有左派背景。加上隨國民黨來台的難民中，也潛伏進行祕密工作的共產黨員。因此在五〇年代，當國共內戰延伸成兩岸的軍事衝突時，敵對意識的加深使得國民黨政府積極肅清危險分子，許多左派人士在這段白色恐怖最嚴厲的時期遭到徹底整肅。

白色恐怖是指由國家的憲警和情治單位執行，特別針對左翼思想者的政治迫害。逮捕、訊問和監禁往往不遵守法制；即便有，也是按照嚴厲

的軍法。被定位為叛亂犯的受刑人通常在獄中被羈押最久，很少有減刑和赦免的機會。在五〇年代，據估計至少兩千人被處決、八千人遭到逮捕判刑。但實際上絕大多數的案件與共產黨的關聯很小，「匪諜」成為迫害、報復和排除異己的藉口，許多人因此無辜受害。白色恐怖不但危害基本人權，整個社會都陷入自我壓抑的狀態，造成心理的扭曲。

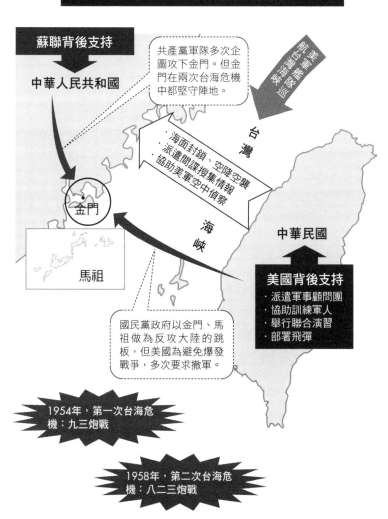

五〇年代兩岸軍事對峙情勢

蘇聯背後支持

中華人民共和國

共產黨軍隊多次企圖攻下金門。但金門在兩次台海危機中都堅守陣地。

兩岸軍事對峙情勢

台灣

・海面封鎖、空降空襲
・派遣間諜搜集情報
・協助美軍空中偵察

金門

馬祖

海峽

中華民國

美國背後支持
・派遣軍事顧問團
・協助訓練軍人
・舉行聯合演習
・部署飛彈

國民黨政府以金門、馬祖做為反攻大陸的跳板，但美國為避免爆發戰爭，多次要求撤軍。

1954年，第一次台海危機：九三炮戰

1958年，第二次台海危機：八二三炮戰

台灣的穩固①：美國的支持

一九四九年，國民黨在內戰中敗退來台，毛澤東在北京宣布成立中華人民共和國。對蔣中正失望的美國則批評國民政府應該為喪失中國大陸自行負責，甚至準備放任共產黨軍隊進攻台灣。但美蘇冷戰的成型，中共與蘇聯結盟並加入了韓戰，使得原本袖手旁觀的美國轉而積極協助中華民國，改變了台灣的命運。

建立軍事合作關係

美國為了遏阻共產主義陣營的擴張，重新肯定台灣在東亞具有連接南北的戰略地位，於是再度支持國民黨政府在台灣的統治，並且派遣艦隊防守台灣海峽，協助金門、馬祖抵擋共產黨軍隊的攻擊。美國與中華民國重新結盟，雙方簽約建立軍事合作的關係。美國提供高達數十億美元的武器裝備給中華民國的軍隊。國民黨政府則協助美國牽制共產陣營在東亞與國際外交上的擴張，並在中國大陸進行各種祕密的軍事偵察與情報搜集工作。

維持中華民國的外交地位

冷戰時代的對抗，外交也是重要的戰場。兩岸分治以來，雙方都在國際組織與外交場合上較勁，爭奪代表「中國」的身分。由於美國重新承認中華民國，發揮帶頭的示範作用，許多國家也受到影響，遲遲不承認中華人民共和國，使得中華民國在喪失了中國大陸領土與人民的情況下，仍然在各國際組織、尤其是聯合國中保有席位長達二十年。外交關係的穩定，也協助台灣在國際上開展經濟、社會的交流活動。

挽救岌岌可危的經濟

美國的態度從袖手旁觀轉而積極協助，也拯救了台灣的經濟。本來在一九四九年前後，由於銀行在貨幣與匯兌上的失策，使得台灣捲入中國大陸嚴重的通貨膨脹；加上大量米穀出口到對岸、同時又湧進超過百萬的軍人與難民等，更造成物價狂飆，整個經濟情勢惡化到了谷底。然而美國即時恢復了援助，提供給台灣的資金先穩定住完全失控的通貨膨脹；接著這筆錢又成為購買進口設備與原料的外匯以及融通投資的資金，成為經濟發展的資本。更重要的是，台灣加入以美國為首的資本主義經濟體系，開啟了台灣經濟發展的道路。

美國在東亞的角色

美國在東亞編組的反共陣線，包括中華民國、日本、南韓與菲律賓等國家。美國不但派駐大批的軍隊、設置海、空軍基地，還涉入韓戰、越戰與台海的軍事衝突，對各國的內政、經濟乃至文化都有很大的影響。

美國對台的政策與影響

年代	外交	軍事	經濟
1949	**指責國民政府的疏失** 美國發表外交文書指責國民政府的疏失，但未承認中華人民共和國。	**伺機而動** 表示不干涉國共內戰，準備等共產黨軍隊攻下台灣，再做決定。	**停止援助** 過去曾經以各種方式支援國民政府的美國，此時停止援助。
1950 1955	**承認中華民國** ● 美國採取圍堵政策，封鎖共產主義的擴張，不承認中華人民共和國。 ● 美國將駐在中華民國的使節層級逐漸提升，雙方建立盟友關係。	**主張「台灣海峽中立化」** 美國在韓戰期間（1950～1953），為避免戰爭擴大，遏阻國共衝突，派艦隊巡弋台灣海峽，並開始提供台灣軍事援助。	**經濟援助** （1951～1965） ● 從人口平均分配來看，美國提供台灣經援的金額居亞洲第一。 ● 美國要求接受美援的國家，在使用美援款項時，必須優先向台灣採購物資，從而協助台灣開拓外銷。

> 隨著美國國內與世界局勢的變化，美國的外交戰略也逐漸改變，不斷在思考新的「中國政策」。

協防台灣安全
● 中華民國和美國簽訂「共同防禦條約」（1955～1978），但美國為避免引發大戰，防禦範圍只限台灣、澎湖兩地，不包括金門、馬祖。

> 從六〇年代起，美國逐漸以企業投資取代政府經援，台灣也融入全球資本主義的經濟體系。

年代	外交	軍事	經濟
1965 1968	**與中共發展外交** ● 1968年，尼克森當選美國總統，開始與中共改善關係。 ● 1979年與中華人民共和國建交，和中華民國斷交。		**對台灣的貿易逆差逐漸增加** ● 台灣的經濟逐漸發達，對美國的貿易順差也日益擴大。

> 從韓戰到越戰期間，蔣中正總統不斷要求出兵參戰，藉此爭取美國參與或援助反攻大陸的作戰。但美國基於各種考量，始終反對。

年代	外交	軍事	經濟
1979	**制訂台灣關係法** 美國國會制訂「台灣關係法」，以國內法約束行政部門，和台灣維持關係。	**以軍售協助台灣防衛** 軍售問題成為美、中、台三方爭執的焦點。	**要求進行貿易自由化** 八〇年代，美國政府施壓台灣進行貿易自由化，以解決貿易不均衡的問題。

台灣的穩固②：國民黨的威權體制

在台灣重建中華民國政府的國民黨，最早是推翻清朝的武裝革命團體，後來則向蘇聯共產黨學習，改造成集權式的政黨，因此非常注重控制軍隊和意識型態。國民黨統治中國大陸時，曾經殘酷迫害共黨分子，壓制異議人士，這段經驗也伴隨國民黨移植到台灣。

強人獨裁

國民黨統治中國大陸期間，因為幅員遼闊，各地方有既存的勢力，而且國民黨黨內以及軍隊中各有紛歧的派系互相牽制，使得全面性的控制始終有限。但來到台灣後，聲望最高、實力最強的蔣中正一一排除政敵重掌大權，結束了不同派系的內鬥，集中權力重建領導地位，形成由政治強人控制軍隊、政黨與國家的獨裁體制。

二次世界大戰結束後，在民主根基薄弱的地方，由政治強人長期壟斷國家領導人職位的情形相當常見，這些獨裁體制多半以牢牢掌握軍隊為主。但台灣的強人獨裁並非光靠武力，它還倚賴高度發達的黨組織，這使得國民黨政府和共產國家反而有近似之處。因此台灣的政治強人可說是以軍隊為後盾，透過黨組織進行操控，以政府中的憲警和情報機關為暴力壓制的工具，形成特殊的「黨國體制」。

黨國體制

冷戰局勢和海峽的軍事對峙，鼓動國民黨走上威權統治的道路，但鞏固政權更是建立黨國體制的基本動力。由於台灣是個面積不大的封閉型海島，使得國民黨在環境與技術條件的配合下，得以將權力密布在台灣的各個角落。國民黨主政的數十年間，大量吸收台民為黨員，發展出龐大的組織，在政府部門、軍隊、學校、各地方與社會團體布置黨務機構，進行意識型態的監控與教化。

在此情勢下，國民黨幾乎壟斷所有的政治資源與權力制高點，透過學校教育、大眾媒體和成年男子的兵役訓練，進行大量的政治宣傳，散布「反共復國」的意識型態。政治成為禁區，一般人只要跨進這個範圍，就進入危險地帶。不過，台灣並非徹底封閉，經濟發展、社會文化以及個人的私生活仍然有相當程度的活動空間。這正是台灣的黨國體制介於自由開放與共產極權間的獨特之處。

威權體制成立的步驟

勘亂時期 1948年，國民大會制訂「動員勘亂時期臨時條款」

- 國民大會凍結憲法的部分條文，改以臨時條款為主。
- 視共產黨為叛亂團體，進入潛在的戰爭狀態，賦予政府（尤其是總統）擴增權力的機會。

戒嚴時期 1949年，台灣省政府宣布戒嚴，成為全世界施行最久的戒嚴

- 戒嚴狀態表示軍事機關的權力增加，軍法的適用性擴增。
- 台灣的戒嚴並未嚴重妨害社會生活與發展，但人身的安全、遷徙的自由等基本人權受到妨害，集會結社和言論的自由則受到約束。

黨國體制 1952年，國民黨宣布「改造」完成，建立「以黨領政」、「以黨領軍」的制度

- 在中央政府各機關建立黨團組織，重大政策和人事都經過黨組織決定；在軍隊中建立「政工」制度、在地方上建立黨部。
- 在黨組織之外成立「中國青年反共救國團」。

萬年國會 1954年，大法官會議決議國民大會、立法院和監察院的代表繼續行使職權

- 國民黨政府的初期規劃中，台灣只是暫時落腳的軍事基地，因此盡量保留原來統領全中國領土的政治架構；且為了確保國際上代表整個中國的身分，所以設法讓第一屆從中國各省份選出來的民意代表所組成的國會，不必改選繼續留任。

強人政治 1960年，修訂動員勘亂臨時條款，規定總統選舉不受連任一次的限制

- 蔣中正總統逐漸整肅異己、壓制輿論和排除競爭對手後，成為獨裁的政治強人。

這些法律與制度的設計及變更在當時都有歷史時空的背景，甚至是急迫的需要以求建立穩定的政局。然而，也有許多牽涉到鞏固權力、排除異己的動機。

反抗威權①：自由主義的批判

在五〇年代的緊張情勢下，國民黨政府提出一切以擁護國家領導人和反攻大陸為最高目標的意識型態，藉此來凝聚國民的認同。當台灣穩定下來之後，國民黨政府為了鞏固政權，開始將控制的力量伸展到社會的各個層面。為了抗議政府濫用權力，信奉自由主義的知識分子，發出台灣民主運動的第一個呼聲。

反共復國與自由民主的輕重

本來國民黨政府為了和共產黨的極權統治區隔開來，標舉自由民主做為政權合理性的基礎。但自由民主的重要性其實遠低於反共復國的目標；而且，究竟自由民主是什麼？它如何在政治與社會生活中實踐運作？對大多數人來說，其實非常陌生，甚至害怕它會影響到國家的安全。當時台灣的前途未卜，戰爭的陰影揮之不去，國民黨政府一切以反共為優先的論述，反而較能投合一般民眾的心理。

但部分從中國大陸來台的知識分子，對於政府大幅擴張權力、一切以國家為優先的做法，提出了異議，企圖闡明政黨與國家的界限、政府與社會的分際。從民國初年以來，這批受英美思潮影響的知識分子便不斷思索西方對中國文明的衝擊，嘗試在社會主義與中國的舊傳統之間，開闢出現代民主與科學的道路。他們在台灣的局勢穩定下來後，設法在顧及民主、自由、法制和人權的合理基礎上，達成反共復國的目標。其中最突出敢言的代表就是《自由中國》雜誌。

《自由中國》倡導自由主義

《自由中國》的宗旨本來是做為溝通知識分子與政治權力的橋樑。但國民黨政府忽視基本人權、壓制言論與新聞自由、管制出版品的反智作風，以及國民黨組織伸入軍隊學校的做法，引起刊物同仁和其他學者、新聞界人士的批判。《自由中國》於是重申中國五四運動的精神，論述自由、法治與理性的意義，形成台灣自由主義的批判思想。在資訊封閉的環境與政治強權的干擾下，這些勢單力孤的知識分子仍然勇於獨立思考，堅持自由與人權的基本價值。他們的批評逐漸觸及到國民黨壟斷政權的根本問題，終於在一九六〇年引起國民黨政府的猜忌而遭到壓制。

自由主義的批判傳統

在《自由中國》停刊後的十餘年間，台灣沒有再出現正面挑戰當權者的政治刊物，政治評論逐漸沈寂。國民黨政府「反共復國」的政治宣傳和意識型態不但對思想的自由和啟蒙造成桎梏，更無法滿足年輕一代的心靈，而且少數信奉自由

思想、堅持異議的知識分子也遭到迫害。儘管刊物中止了，也失去了導師，但自由主義並沒有消逝，其批判的思考方式為後繼二十餘年的反對運動，提供最基本而豐厚的思想資源。

胡適

留學美國，中國近現代學術思想史上最重要的知識分子，創辦《自由中國》雜誌

他以《自由中國》宣傳言論自由的價值，突顯極權國家的管制，從而在台灣播下自由主義的種子。

五〇年代
倡導自由主義
的重要人物

雷震

出身國民黨的高層幹部，實際主持《自由中國》的社長

他決定與本省籍民主人士合作成立實質的反對黨後，立刻遭到國民黨政府的誣陷、逮捕和判刑，在牢獄中渡過十年歲月。

殷海光

台大哲學系教授，《自由中國》的健筆，在六〇年代遭長期迫害，抑鬱而終

他堅持知識良知，難以忍受國民黨反共宣傳中的虛偽矛盾，憑藉學理思想與勇氣直指其中的破綻。

反抗威權②：地方自治與民主選舉

地方自治是現代政治體制的重要設計，它的理念是希望在小範圍區域內實行民主，培養人民學習行使政治權利和義務。民主選舉的用意則是藉由公正的競選和投票，展現民意的向背，進而賦予政權統治的合法性。但這兩項制度在國民黨主政期間，由於民主概念的不足，又缺乏法制的保障，一直無法正常運作。

台民的民主選舉經驗

在日治時代，台民發起了台灣議會設置請願運動，爭取選舉權與設立議會。雖然沒有達成目的，但開啟台民對現代政治的認識。到了日治後期，台民透過各種地方團體處理公眾事務，並在地方自治中首度行使選舉權。由於台民具備民主政治的基礎經驗，讓戰後來台接收的陳儀充滿信心，不但開放新聞報導的自由，而且在不到一年內就舉行了省級民意代表的選舉，引起台民菁英參選的熱潮。但報紙和議會代表經常抨擊政府的不當施政，更在二二八事件中，協助形成公共輿論，要求政治改革。結果在事件結束後，許多菁英分子紛紛遭到迫害，他們對政治的熱忱也大為減退。

地方自治與中央民代的問題

由於台灣已經具備實行地方自治的條件，國民黨政府從一九五〇年起，持續舉行省議員和縣市長以下的公職人員選舉。可是遷台後的中華民國主權幾乎完全集中在台灣省，使得憲法所規定的地方自治和中央政府的施政範圍幾乎完全重疊，造成政府組織龐大冗贅，中央和地方的權限不明，地方自治也缺乏法制的保障。另外，隨國民黨來台的中央民意代表，尤其是國民大會代表和立法委員，都在國會中保留席位，使得中央政府並未獲得台民的民意授權。不改選國會的安排本來有複雜的時代背景，但因為不符合民主政治的原理，招致了許多批評，也有人提出各種變通補救的辦法，但國民黨政府一直拒絕採納。直到將近二十年後，國民黨政府才首度進行小部分的增補選，成為七〇年代民主人士論政的重要管道。

地方選舉中的異議人士

因此，在七〇年代以前，台民參政的最高層級僅到縣市首長和省議會，這些地方自治選舉的活動也成為台民參政的舞台。儘管從中也產生了許多台籍的政治人物，但在黨國體制的籠罩下，絕大多數人都配合國民黨執政，很少發出批評的聲音。不過，也有少數主張民主的人士從政，抗議國民黨的專權，謀

求更合理地處置公共事務。這些人多半成長於日治時代，有部分還曾經和《自由中國》的雷震合作籌組反對黨。但國民黨在主政期間，經常採用各種手段壓制異議人士，使得他們必須抗拒來自四面八方的威脅打擊、拉攏和利誘，走上了一條非常艱辛的道路。

李萬居

在報紙受到管制而沒有充分言論自由的時代，李萬居除擔任省議員外，還創辦《公論報》，批評時政。

郭雨新

郭雨新在宜蘭連任五屆省議員，累積深厚的民意基礎。卻在參選立委時，因國民黨作票、買票而落選。

郭國基

在黨國體制的壓力下，大多數人的態度都比較消極。但郭國基在省議會中，以直言著稱。

戰後台灣追求民主的本土政治家

吳三連

吳三連和執政當局的關係比較溫和，讓他得以居間溝通協調，長期在幕後協助許多異議人士。

余登發

余登發是第一位非國民黨籍的縣市長，他在高雄縣建立自己的地方派系，和國民黨有比較直接的衝突。

許世賢

許世賢從省議會中崛起，是第一位非國民黨籍的女性縣市長。

六〇年代：台灣獨立運動的波瀾

到六〇年代中期，蔣中正總統仍積極部署反攻大陸，並多次發動登陸奇襲。但在這十年間，中華人民共和國和法國建立了外交關係，並成功試爆核子彈，美國也有意和中共改善外交關係。由於中共國際聲望和軍事力量的提升，激起更多對世局敏感的人去思考，中華民國的國際地位與台灣的前途在哪裡？

六〇年代的台灣

進入六〇年代後，內外緊繃的氣氛已經緩和許多，國民黨政權也更為鞏固，經濟和社會文化都各有發展，但政治的討論卻明顯減少。由於經歷了五〇年代的白色恐怖，左派與共產黨人大都被肅清；堅持自由主義的民主人士也因為正面挑戰黨國體制，遭到嚴厲壓制；公開活動的異議分子只剩下少數在省議會質詢的議員，但聲勢卻很單薄。

在外交上，美、日、法等強國相繼出現向中華人民共和國靠攏的動向，但國民黨政府對內的統治方式卻沒有太大改變。對有些人來說，期盼國民黨施行政治改革的希望逐漸破滅。於是有人進一步思考，台灣要如何因應國際現實的變動？「反共復國」是否真的可行？國民黨政府與世居的台民究竟是什麼關係？當時受到國民黨政府重用、從事外交工作的彭明敏發表〈台灣自救宣言〉正是嘗試來回答這些問題。在這十年間，在島內出現了幾場被定位為台獨的「叛亂」案件；在海外，台獨運動則掀起第二波的高潮。

台灣獨立運動

早在二二八事件時，國民政府的軍事鎮壓引起台民菁英的憤恨。有些人因而逃往香港和日本避難，開始思考台灣的歷史發展、台灣與中國的關係以及台灣的前途。他們逐漸發展出一套和國民黨政府的意識型態南轅北轍的觀點，主張台灣應該自治獨立，從而在海外啟動了第一波的台獨運動。

在台灣島內，有些人親身經歷二二八事件，對於國民黨政府全面性的控制非常反感；他們也注意到國民黨政府的外交情勢每下愈況，於是組成有台獨思想的祕密團體。但在六〇年代，這些團體大都被檢舉破獲，往往有數百人遭到牽連逮捕。不過，白色恐怖的高壓已經減輕許多，異議分子被捕後，大都經過審判而被處以輕重不等的刑期。

另外，在六〇年代，部分的台民菁英出國留學，他們脫離島內封閉的資訊環境，接觸到自由開放的風氣，也萌生反對國民黨統治、主張台灣主權獨立的思想。他們先後在日本和美國成立組織和刊物，發起各種活動，掀起海外台獨運動的

第二波高潮，甚至有人走上激進的恐怖暗殺路線。這些在海外主張台獨的人士也因此長期遭到國民黨政府列入黑名單而拒絕入境，直到九〇年代，他們才得以重返故鄉。

海外台獨運 的重要領袖

廖文毅 ▶ 主張透過政治外交的路線，在日本成立「台灣共和國臨時政府」

- 出身雲林世家，留學美國。
- 努力爭取國際支持，主張台灣交由聯合國託管，進而獨立。
- 由於無法凝聚同志的團結，加上國民黨政府在台灣的統治日益穩固，並對他施予各種壓力，廖文毅最後放棄返台。

王育德 ▶ 進行文化與思想的宣傳和啟蒙

- 出身台南世家，留學日本。
- 創辦刊物《台灣青年》，進行台灣語文與歷史的研究，在六〇年代啟迪海外的知識青年，產生強大的作用。
- 寫下《台灣—苦悶的歷史》，透過追溯歷史，對台獨運動影響深遠。

史 明 ▶ 信仰共產主義，主張在台灣進行武裝革命

- 出身台北地主世家，留學日本。
- 曾加入中國共產黨抗日作戰，還曾經謀刺中華民國總統蔣中正，而後流亡日本，寫下《台灣人四百年史》。
- 創立「獨立台灣會」，和多起台獨「叛亂」案件皆有關聯。

七〇年代：外交與政治的鉅變

兩岸分治以來，中華民國取得國際上的「中國」代表權，但世界各國未曾小覷中華人民共和國在人口、面積與各方面的實力，因而陸續和中共建交，使得兩岸的外交實力日漸拉近。隨著冷戰趨於緩和，美國開始調整戰略布局和對「中國」的政策，中華民國也面臨了前所未有的危機。

外交的變局

到了七〇年代，美國的反共立場逐漸鬆動，但國民黨政府並未體認到國際間已經不再膠著於反共的意識型態，因而在外交方針失策下，導致中華民國在一九七一年失去了聯合國成員的身分。這一年也是兩岸外交力量的分水嶺，雙方邦交國的比數開始逆轉。台灣不但喪失與世界上重要國家的正式外交關係，在各國際組織中也開始遭到排擠。而且亞洲鄰邦、和台灣關係密切的強國日本也和中共建交，更加深台灣的孤立。美國則逐漸與中共提升外交關係，雙方終於在一九七九年建交，美國同時和中華民國斷交。台灣遭遇一連串的外交大敗退，被孤立在國際間，國民對於台灣的安全也陷入空前沉重的危機感。

其實從七〇年代起，中華人民共和國已開始降低軍事威脅，改採外交攻勢和呼籲談判交流。但兩岸陷入軍事敵對的緊張狀態已經超過二十年，對絕大多數的國民來說，「反共復國」是基本國策，「共產主義」是毀滅人性的奴役制度。如今「共匪」成功發射了人造衛星，還取得許多國家的承認。相比之下，台灣的前途堪憂，於是有些人更認真思索台灣的處境與未來；有些人則仰望領袖的指引。

從五〇年代以降，長期擔任國家領導人的是中國現代史上最重要的政治領袖蔣中正總統，他憑藉嚴厲的手段建立起威權體制，也在肅殺中帶來了安全感，他更被形塑成國家安全的象徵。當接二連三的外交挫敗相繼而來，蔣中正總統在一九七五年去世，更成為震驚全國的打擊；然而在國民哀慟的底層，埋藏的是對未來深深的恐懼。

第二代政治強人上台

國際外交的挫敗和第一代政治強人的退場也影響台灣的內政。由於國民黨政府在五〇、六〇年代，嚴厲控制思想、言論與新聞，使得國民對七〇年代的局勢變遷特別感到突然而強烈的打擊，此時才開始真切地了解到台灣的地位和處境。國民黨政府為了抒解民眾的不滿，採取多項改革以因應局勢的變動。蔣中正總統的子嗣蔣經國便是

七〇年代的政治舞台

政治強人的交替

◆第一代政治強人凋零

1975年，蔣介石總統逝世；1976年，中華人民共和國的毛澤東也死亡，中國現代史上第一代的政治強人漸次凋零，台灣結束嚴厲的威權體制。

◆第二代政治強人崛起

來台後長期擔任情治機關與軍隊首腦的蔣經國，接受父親蔣介石的培育，在七〇年代逐漸接掌政府和黨務系統的權力，成為第二代的政治強人。

知識分子的自由民主改革

◆左派人士與中國民族主義者

有些人懷抱中國的民族主義情懷、左派的批判思考，思索社會主義的理想、資本主義的弊病與美國的霸權。其中有人遭到整肅；有人則創辦刊物，宣揚理念；另有些人參與當時激烈的辯論之中。

◆民主人士提攜後進

五、六〇年代透過地方選舉批評國民黨政府的人士此時多已年邁，但他們仍然提攜新一代的青年，加入爭取民主、改善政治與人權的運動。

◆《大學雜誌》（1973）集團的分化

歸國的留學生和島上的青年才俊共同倡導西化和現代化的革新，呼籲進行政治改革。

→ 部分成員離開國民黨，加入異議人士的陣營。

→ 有些繼續留在自己的專業領域如學界、商界，發揮作用。

→ 部分成員成為國民黨的中堅分子，在體制內產生影響。

這批精英分子在往後二十年中，成為台灣各界的領袖，對台灣各方面的發展產生重大的影響。

在政治舞台上，執政者與反對者都是比較搶眼的演員。但包括台獨分子、左翼思想者、具有強烈中國情懷的人士等都是整個七〇年代歷史大背景中的成員。

在這種外交低迷的氣氛下，以第二代政治強人的身分躍居政治舞台的幕前。他開始進行政治革新，並在往後十餘年間，持續起用更多本省籍的年輕菁英進入中央政府和國民黨組織。儘管如此，七〇年代仍是強人統治與威權體制的時代，言論自由受到許多壓制，政治迫害的事件仍然存在，只是不再徹底泯除本土與左翼的呼聲。但一般人都知道關於政治的話題依舊是禁忌，黨國體制的權力依然遍布在校園和軍隊中，監控可疑分子的動靜。

新舊世代的交替

當時不只是政治強人的交替引人矚目，影響更深遠的是新舊世代的交替和思想文化的變化。七〇年代的台灣比起前二十年，在思想觀念上更為開放，報紙副刊登載許多海外學人的見聞；留學生歸國後，也帶回西方世界的學說理論及不同文化的衝擊。台灣內部的社會與經濟變遷也促使新一代的知識分子回顧和反省台灣的發展。

此時，戰後成長的年輕一代已屆成年，他們對日治時代和中國大陸的記憶都比較淡薄，也有機會接受更完整的教育。隨著社會體制日趨複雜、規模擴大，許多菁英分子進入各行各業，例如政府部門、黨組織、教育界、媒體和學術界中。雖然不同人馬對於台灣前進的速度與路線未必一致的看法，但他們從各方面努力推動政治、社會與文化思想的變革。

反對運動的集結與頓挫

當出生於日治時期、戰後長期在地方選舉中與國民黨周旋的異議人士逐漸凋零，新生一代的本省籍知識分子在一九七五年首度成立了呼籲政治改革的雜誌《台灣政論》，號召新生代青年加入。他們彼此合作，終於在兩年後的地方自治選舉中，非國民黨籍的異議人士取得前所未有的成績。於是參加選舉、爭取民意認同，到議會中問政，成為進行政治改革的選擇。而在同年的選舉中，因為國民黨政府的作票爭議，演變成群眾暴動攻擊警局的「中壢事件」，則讓異議人士初次體驗到在街頭釋放民眾被壓抑的力量是另一條衝撞威權體制的路線。

從此政論刊物、議會論政和街頭運動成為異議分子逐漸熟悉運用的策略。他們透過雜誌傳布理念；在定期舉辦的選舉中，發表政見、彼此助選串連，逐漸凝聚反對運動的力量，甚至出現政黨組織的雛型；然而外交卻投下了變數。在美國宣布將和中共建交後，國民黨政府隨即宣布暫停一切的選舉活動，使得異議人士失去議會問政的舞台。他們為了保存政治實力，便以「美麗島」雜誌社為名建構政黨組織，並且轉而採取街頭運動的方

式。於是在一九七九年，異議人士發起了第一場違反戒嚴規定的示威遊行，後來在高雄又因為街頭的集會、演講和遊行，與憲警發生激烈衝突，釀成「美麗島事件」，國民黨政府嚴厲鎮壓群眾，搜捕和起訴異議人士。於是在七〇年代結束之際，新登場的政治強人和初具雛型的政治反對運動，結束了第一回合的交手，終場以鎮壓、逮捕和監禁落幕。

七〇年代異議人士摸索出的三條路線

政論雜誌　《台灣政論》（1975）

在戒嚴時代，組織政治團體容易遭到官方取締，因此雜誌刊物成為集結同志的中心。這是第一份由本省籍民主人士創立的政論刊物，成為日後異議人士辦雜誌的濫觴。

議會問政　地方自治選舉（1977）

異議人士在這次省議員和縣市長的選舉中取得前所未有的成績。除此之外，做為省都的台北市議會和立法委員增補選，也為新生代的異議分子提供參政管道。

街頭運動　美麗島事件（1979）

戒嚴時代，群眾的戶外集會和遊行受到嚴格禁止。當時異議分子在高雄發起的示威遊行，造成了戒嚴時代最嚴重的警民衝突。

八〇年代：威權體制的轉型

由於美國成功拉攏社會主義陣營的中華人民共和國，使得兩岸因國共內戰和冷戰而形成的局勢開始轉變，中華民國失去了戰略價值。但在二次大戰結束後的四十年間，地處西方世界邊陲的台灣已經成為亞洲的新興工業國家，經濟實力日益提升，內部更孕育出許多不同的力量，蘊釀建立新的社會。

經濟發展與社會變遷

從七〇年代以降，台灣的官方外交遭遇到許多挫折，但民間卻和西方世界發展出更實質的關係，並促成科技和文化的交流。這是因為台灣從一九四九年以來不斷在資本主義的分工體系中取得有利的位置，經濟地位日趨提升，已經成為國際社會的重要成員。不過，經濟發展對台灣內部的影響更為深遠。首先，社會日益多元複雜，更需要以理性的方法管理協調，光憑政治力量來強制架構社會秩序的方法已經逐漸失效；其次，由於社會各階層大都能享有經濟發展的利益，使得一般民眾雖然要求政治改革，卻也傾向於接受現狀，比較不容易發生全民聯合推翻政權的革命。

另外，資本主義與工商經濟也造成城鄉差距、環境破壞、勞工權益與消費大眾的損害，這些弊病在八〇年代日益突顯，激起民間社會改革的呼聲以及利益團體的抗議。由於在二次大戰後，許多國家雖然有突出的經濟成長，卻因為政治改革的落後，引發人民的不滿而陷於動亂，從而喪失經濟成果。因此台灣能否繼經濟奇蹟之後轉型為民主國家，建立自由多元的社會，成為現代化發展的一大關頭。

政治強人的調控

鬆動台灣威權統治的動力不只來自社會內部，國際外交的局勢以及島內和海外的連動也都有影響。當時世界上正興起新一波民主化的潮流，台灣和鄰近的菲律賓、韓國與中國都面臨政權轉型的壓力。而且從一九八〇年起，台灣陸續發生了幾場重大命案，像是林家滅門血案、陳文成命案和江南命案，不但異議人士感受到特務機關威脅生命的恐怖，後兩件涉及美國公民的案件更激起美國各界的強烈批評，讓身為國家領袖的蔣經國總統面臨龐大的壓力。

出生於二十世紀初的蔣經國曾經留學俄國、歷經艱苦，因而擁有異於父親蔣中正的獨特經驗與視野。他的人生有一半的時間住在台灣，在這數十年間，他參與國家規劃，目睹台灣走向繁榮，因而對時代變遷有深刻的感受。他了解美國不會再無視於國民黨政府的威權

八〇年代台灣轉型為民主國家的因素

台灣社會的變化

與日治時代相比，已經有一半以上的年輕人可以接受中等以上的教育，社會上有超過一萬個社會團體、總發行量超過三百萬份的報紙和兩千家以上的雜誌，提供國民獲取資訊的管道。

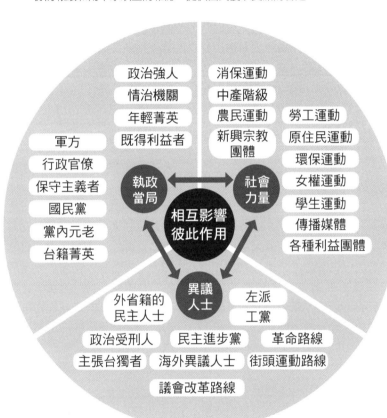

雙方各自內部的紛歧

執政當局與異議人士各自陣營的內部都還有各種不同的意見，對國家發展的主張不完全一致。

政黨型態的轉變

部分異議人士組成的民主進步黨逐漸獲得選民支持，逐漸從體制外的革命性政黨轉型為體制內的反對黨，當時一黨獨大的國民黨也從威權性政黨轉化為爭取選舉勝利的政黨。

統治，台灣只有重視人權、進行民主改革、走向開放社會，才能爭取西方國家的認同。於是他開始淡化蔣氏家族執政的色彩，也沒有培養新一代的政治強人；反而在黨組織與政府中起用更多本省籍人士，並納入決策核心。儘管反對勢力一再激烈抗爭，國民黨內也有人反對革新，但蔣經國不像世界上其他拒絕民主化的獨裁者，最後被迫下台或使國家陷於動盪，他一直到去世前，仍然堅持以安定為目標，持續而緩慢地釋放權力，逐步開放更多自由的空間。

反對運動持續抗爭

在八〇年代，年輕一代的反對運動者也奮起抗爭，繼續以刊物雜誌、議會論政和街頭運動挑戰威權體制。但雜誌常常遭到查扣，選上公職的異議分子在議會中仍是居於絕對弱勢，完全沒有要求協商的實力。異議人士於是在議會中進行激烈的肢體抗爭，或上街頭帶領示威活動，以衝突做為政治談判與交易的籌碼。於是在執政當局掌控的傳播媒體中，異議人士和街頭群眾又被醜化為惡徒和暴民。對反對運動者來說，這其實是一段黯淡的歲月，完全無法想像未來的演變。因為威權體制看似牢不可破，執政者依舊牢牢掌握國家絕大多數的權力、暴力和資源，許多異議人士更是付出慘痛的代價。

摸索自由、民主與法制的界限

當反對運動者聯合各股社會力量，向執政者要求分享政治權力，社會運動成為最常採用的手段。據統計，台灣曾經出現一年將近兩千場街頭示威抗議的最高紀錄。在政治邁向民主化的同時，出現這些頻繁密集、激烈衝突的社會事件，對數十年來生活在國家力量嚴格控管社會秩序的國民來說，台灣就像完全失序的社會，沒有人知道台灣將走向何方。

有人因此歸罪於異議分子的鼓動，甚至主張回復戒嚴；但也有人探討民主、法律與社會正義的關係，呼籲建立制度，將社會抗議納入軌道。除了基層民眾以選票和街頭運動來表達政見，具有專業素養的知識分子也常在報刊雜誌上撰文，分析時事、向國民傳述新知。於是在執政當局、異議人士與社會力量等多方面的交互作用下，政治的激烈對抗逐漸導向以選舉來爭取民意的肯定，八〇年代的台灣也在騷動中逐漸從威權體制轉型為民主社會。

追溯歷史、思索未來

台灣的民主轉型歷經長期演變，許多因素與動力必須追溯到二十世紀中期甚至更早，才能釐清不同的源流。台灣的民主化更是有許多人的奉獻犧牲，才完成這項華人世界唯一的成就。究竟有哪些因

素推動了時代的變化？並沒有簡單的答案。除了政治力量的抗衡和外交、經濟與社會等因素外，思想觀念、族群意識，甚至文化等和時代的變遷都有千絲萬縷的關係。無論如何，歷史沒有理所當然的發展，也不是單一旋律譜成的悲喜劇。挖掘歷史中曾經出現的不同聲音、或追蹤消逝的另一條道路，反省現狀的由來，才能讓我們重新檢討現實、思索未來。

八〇年代的政治開放措施

1986年　政黨政治
戒嚴時代禁止組黨，異議人士終於突破禁忌，成立民主進步黨來協調紛歧的反對勢力，增加選舉的戰力。

1987年　解嚴
解嚴終止軍事機關的管轄權，解除多項人民自由與權利的限制，開放更大幅度的新聞自由，釋放許多受軍法審判的政治犯。

1991年　回復憲政
終止動員戡亂時期，結束法律意義上的內戰狀態。依法總統不再享有超越憲法的特別權力。眾多附屬於動員戡亂、影響社會民生的法令也隨之廢除。

1992年　國會改選
長期未改選的第一屆立法委員、國民大會代表等日漸年邁，往往配合行政部門的施政；全面改選後，國會的重要性與制衡的功能逐漸提升。

1992年　結束白色恐怖
長期以來，主張共產主義與台灣獨立被視為叛亂罪，許多人只因為思想主張、言論和結社就被判刑，嚴重違反人權和言論自由。在修訂刑法相關條文後，不再有政治犯，海外台獨人士可以返台。

主要參考書目

通史、通論

- 周婉窈，《台灣歷史圖說》（台北：聯經）
- 周憲文編著，《台灣經濟史》（台北：開明書店）
- 林滿紅，《四百年來的兩岸分合》（台北：自立晚報）
- 林滿紅，《晚近史學與兩岸思維》（台北：麥田）
- 翁佳音，《異論台灣史》（台北：稻鄉）
- 張炎憲主編，《歷史文化與台灣》（4冊）（台北：台灣風物）
- 陳紹馨，《台灣的人口變遷與社會變遷》（台北：聯經）
- 戴寶村、李筱峰，張炎憲主編，《台灣史論文精選》（上下兩冊）（台北：玉山社）
- 薛化元，《台灣開發史》（台北：三民）

史前時代

- 何傳坤，《台灣的史前文化》（台北：遠足文化）
- 呂理政，《遠古台灣的故事》（台北：南天）
- 李壬癸，《台灣原住民史（語言篇）》（南投：台灣省文獻會）
- 劉益昌，《台灣的考古遺址》（板橋：台北縣立文化中心）

荷西明鄭時期

- 中村孝志，《荷蘭時代台灣史研究》（台北：稻鄉）
- 曹永和，《台灣早期歷史研究》（台北：聯經）
- 曹永和，《台灣早期歷史研究續集》（台北：聯經）
- 湯錦台，《大航海時代的台灣》（台北：果實）
- 楊彥杰，《荷據時代台灣史》（台北：聯經）
- 韓家寶，《荷蘭時代台灣的經濟・土地與稅務》（台北：播種者）

滿清統治時代

- 尹章義，《台灣開發史研究》（台北：聯經）
- 王世慶，《清代台灣社會經濟》（台北：聯經）
- 林偉盛，《羅漢腳—清代台灣社會與分類械鬥》（台北：自立晚報）
- 林滿紅，《茶、糖、樟腦業與台灣之社會經濟變遷》（台北：聯經）
- 施添福，《清代在台漢人的祖籍分布和原鄉生活方式》（台北：台灣師範大學歷史學系）
- 柯志明，《番頭家：清代台灣族群政治與熟番地權》（台北：中央研究院社會學研究所）

- 許雪姬,《洋務運動與建省―滿大人的最後二十年》(台北:自立晚報)
- 許雪姬,《清代台灣的官僚體系―北京的辮子》(台北:自立晚報)
- 陳秋坤,《清代台灣土著地權》(台北:中央研究院近代史研究所)
- 黃富三,《霧峰林家的興起》(台北:自立晚報)
- 戴炎輝,《清代台灣的鄉治》(台北:聯經)

日治時代
- 王泰昇,《台灣日治時期的法律改革》(台北:聯經)
- 王詩琅譯註,《台灣社會運動史―文化運動》(台北:稻鄉)
- 矢內原忠雄,《日本帝國主義下之台灣》(台北:吳三連台灣史料基金會)
- 周婉窈,《日據時代的台灣議會設置請願運動》(台北:自立晚報)
- 周婉窈,《海行兮的年代》(台北:允晨)
- 柯志明,《米糖相剋:日本殖民主義下台灣的發展與從屬》(台北:群學出版社)
- 翁佳音譯註,《台灣社會運動史―勞工運動、左派運動》(台北:稻鄉)
- 黃昭堂,《台灣總督府》(台北:前衛)
- 葉榮鐘,《台灣民族運動史》(台北:晨星)
- 簡道夫編,《播種集―日據時期台灣農民運動人物誌》(台北:大眾教育基金會)

中華民國
- 丹尼・羅伊著,《台灣政治史》(台北:商務)
- 王晴佳,《台灣史學50年》(台北:麥田)
- 田弘茂,《大轉型―中華民國的政治與社會變遷》(台北:時報)
- 匡華出版公司編輯組編,《中華民國近年之發展與評估》(台北:匡華出版公司)
- 若林正丈,《台灣―分裂國家與民主化》(台北:新自然主義)
- 楊澤主編,《七〇年代―理想繼續燃燒》(台北:時報)
- 楊澤主編,《七〇年代―懺情錄》(台北:時報)
- 楊澤主編,《狂飆八〇》(台北:時報)
- 賴澤涵、馬若孟、魏萼著,《悲劇性的開端―台灣二二八事變》(台北:時報)

工具書、參考書
- 吳密察監修,《台灣史小事典》(台北:遠流)
- 林玉茹、李毓中編著,《戰後台灣的歷史學研究1945-2000》,第七冊台灣史(台北:國家科學委員會)
- 許雪姬總策畫,《台灣歷史辭典》(台北:文建會)

索引 人名

國家圖書館出版品預行編目資料

圖解台灣史 / 廖宜方著. -- 修訂一版. -- 臺北市：易博士文化, 城邦文化出版
：家庭傳媒城邦分公司發行, 2020.05
　　面；　　公分. -- (Knowledge base)
　　ISBN 978-986-480-118-3(平裝)
　　1.臺灣史
733.21　　　　　　　　　　　　　　　　　　　　　　　109006331

DK0098

圖解台灣史【更新版】

作　　　　　者／	廖宜方、易博士編輯部
企 劃 提 案／	蕭麗媛
執 行 編 輯／	賴靜儀、林荃瑋
企 劃 監 製／	蕭麗媛
	／
總 編 輯／	蕭麗媛
業 務 經 理／	羅越華
視 覺 總 監／	陳栩椿
發 行 人／	何飛鵬

出　　　　　版／易博士文化
　　　　　　　　城邦文化事業股份有限公司
　　　　　　　　台北市中山區民生東路二段141號8樓
　　　　　　　　電話：(02) 2500-7008　　傳真：(02) 2502-7676
　　　　　　　　E-mail：ct_easybooks@hmg.com.tw
發　　　　　行／英屬蓋曼群島商家庭傳媒股份有限公司城邦分公司
　　　　　　　　台北市中山區民生東路二段141號2樓
　　　　　　　　書虫客服服務專線：(02)2500-7718、2500-7719
　　　　　　　　服務時間：週一至週五上午09:30-12:00；下午13:30-17:00
　　　　　　　　24小時傳真服務：(02) 2500-1990、2500-1991
　　　　　　　　讀者服務信箱：service@readingclub.com.tw
　　　　　　　　劃撥帳號：19863813
　　　　　　　　戶名：書虫股份有限公司
香 港 發 行 所／城邦（香港）出版集團有限公司
　　　　　　　　香港灣仔駱克道193號東超商業中心1樓
　　　　　　　　電話：(852) 2508-6231　　傳真：(852) 2578-9337
　　　　　　　　E-mail：hkcite@biznetvigator.com
馬 新 發 行 所／城邦(馬新)出版集團【Cite (M) Sdn Bhd】
　　　　　　　　41, Jalan Radin Anum, Bandar Baru Sri Petaling,
　　　　　　　　57000 Kuala Lumpur, Malaysia.
　　　　　　　　電話：(603) 90578822
　　　　　　　　傳真：(603) 90576622
　　　　　　　　E-mail：cite@cite.com.my
美 術 ・ 封 面／陳姿秀
製 版 印 刷／卡樂彩色製版印刷有限公司

■2004年12月27初版
■2020年05月19日修訂一版
■2023年05月12日修訂一版2.5刷
ISBN 978-986-480-118-3
定價350元　HK$ 117

城邦讀書花園
www.cite.com.tw